Anton von Schulthess-Rechberg

Fauna insectorum helvetiae Hymenoptera

Fam. Diploptera Latr. (Vespidae aut.)

Anton von Schulthess-Rechberg

Fauna insectorum helvetiae Hymenoptera
Fam. Diploptera Latr. (Vespidae aut.)

ISBN/EAN: 9783744604277

Hergestellt in Europa, USA, Kanada, Australien, Japan

Cover: Foto ©ninafisch / pixelio.de

Weitere Bücher finden Sie auf **www.hansebooks.com**

Fauna insectorum helvetiae.

HYMENOPTERA.

Fam. **Diploptera** Latr. (Vespida aut.)

Von

Dr. A. v. Schulthess Rechberg.

Schaffhausen.
Buchdruckerei von Friedrich Rothermel.
1887.

Einleitung.

Anm. Für die Termini vergleiche die allgemeine Einleitung von Frey-Gessner und die dazu gehörigen Tafeln.

Die Faltenwespen (Diploptera, Vesparia) unterscheiden sich von den übrigen zur Gruppe der Hymenoptera aculeata sive monotrocha (stacheltragende Aderflügler oder A. mit einfachem Schenkelring) gehörenden Familien durch die in der Ruhe der Länge nach gefalteten Vorderflügel.

Ausserdem sind noch andere Merkmale, die sie aber zum Theil mit andern Familien der Hymenoptern gemein haben. Die Zunge ist dreitheilig, die Seitentheile schmal, der mittlere breiter, zweispaltig oder zweitheilig; jeder der vier Zipfel am Ende auf der untern Seite mit einer kleinen, rundlichen dunkler gefärbten Verdickung versehen; eine Gattung (Celonites) hat eine zweitheilige Zunge mit langen schmalen Theilen. Oberkiefer am Ende mehr oder weniger schief abgeschnitten oder spitz, mehrzahnig. Lippentaster vier-, bei einer Gattung (Pterochilus) dreigliedrig; Kiefertaster sechs-, bei einer Gattung (Celonites) dreigliedrig, Fühler gekniet, bei ♀ und ☿ zwölf-, bei ♂ dreizehngliedrig; bei der Gattung Celonites sind die Fühler nicht gekniet, aber die letztern fünf Glieder zu einer Keule verschmolzen, in beiden Geschlechtern nur zwölf Glieder erkennbar. Die Netzaugen sind nierenförmig; die Nebenaugen (Ocellen) kugelig, in Dreieckform angeordnet. Die Vorderflügel haben eine Radial-, drei, bei Celonites zwei Cubital- und zwei Discoidalzellen. Der Prothorax ist hinten tief bogenförmig ausgeschnitten, seitlich bis zur Flügelwurzel reichend, in der Mitte aber sehr kurz. Das Abdomen[1]) ist mit dem

---

Anm. In dieser Charakteristik sind nur die Gattungen unserer Fauna einbezogen.

[1]) Anm. Die neuere Wienerschule theilt Thorax und Abdomen nach dem Vorgange Latreilles in anderer Weise ein. Als Metathorax wird daselbst nur der vorderste ganz kleine Theil des bisher Metathorax benannten Brustkastentheils angesprochen. Die hintere Parthie, welche hauptsächlich die Concavität des Metathorax nach Schenck darstellt ist das Segment médiaire Latr. oder das 1. Abdominalsegment der Wiener. Nach diesen hat dann das Adomen 7 resp. 8 Segmente. (Vergl. Gerstaecker Oxybelus. Zeitschrift d. ges. Naturw. Halle XXX. 1867. 1. — Brauer, Sitzber. d. Acad. Wien 1882. LXXXV. 1. s. 218. — Kohl. Verh. d. zool. bot. G. Wien 1883. XXXIII. 331.) In der vorliegenden Abhandlung, die ja nur eine Lokalfauna ist und wohl hauptsächlich von Anfänger benutzt werden wird, habe ich die alten geläufigen Bezeichnungen beibehalten.

Thorax nur durch eine sehr schmale Parthie verbunden, es besteht daher zwischen diesen beiden Körpertheilen ein sehr tiefer Einschnitt; Segment 1 ist bei einigen Gattungen zu einem trichterförmigen Stiele verschmälert, bei den andern Gattungen ist es vorn mehr oder weniger abgestutzt, oder es hat eine kurz dreieckige Gestalt ohne Abstutzung (Polistes). Das Abdomen besteht bei den ♀ und ☿ aus sechs, bei den ♂ aus sieben Segmenten. Jene haben einen vorstreckbaren Wehrstachel, der den ♂ fehlt. Das erste Tarsenglied ist nicht seitlich zusammengedrückt und nicht erweitert[1]).

In Bezug auf die Lebensweise zerfallen die Faltenwespen in drei scharf getrennte Gruppen:
1) die der geselligen oder socialen Wespen (Vespidae),
2) die der einzellebenden oder solitaeren Wespen (Eumenidae),
3) die der honigsammelnden Wespen (Masaridae).

Die Vespiden[2]) leben ähnlich wie die Honigbienen, Ameisen und Hummeln in Staaten. Diese Staaten enthalten ♂, ♀ und ☿, welch' letztere verkümmerte ♀ sind. Aehnlich, wie bei den Hummeln überwintert nur das befruchtete ♀ und gründet im Frühling einen neuen Staat. Im Verlauf des Sommers erscheinen die ☿ und im Herbste die ♂. Die letzten beiden Gruppen von Individuen gehen im Spätherbst zu Grunde. Die Vespiden leben in kunstreich gebauten Nestern.

Die Gruppe der socialen Wespen umfasst dreizehn, zum Theil sehr artenreiche Gattungen, von denen die meisten tropisch sind. Die nördliche gemässigte Zone bewohnen nur die zwei auch bei uns vertretenen Genera.

Die Eumeniden[3]) leben paarweise und zeigen in ihrer Lebensweise sehr viel Aehnlichkeit mit den Grabwespen. Sie bauen entweder Nester aus Mörtel, die sie an Mauern, an Pflanzentheilen und dergl. befestigen, oder sie nisten in der Erde, in hohlen Pflanzenstengeln, in trockenem Holze etc. Als Nahrung für ihre Larven tragen sie Raupen, Käferlarven und dergl. ein, die sie vorher durch einen Stich in das am Bauche gelegene Nervenganglion gelähmt haben.

Diese Gruppe umfasst achtzehn Genera, von denen neun der palaearctischen, fünf unserer Fauna angehören.

Den Masariden wurde bis vor Kurzem eine schmarotzende Lebensweise zugeschrieben. Durch die Mittheilungen von Giraud[4]) und Lichtenstein[5]) ist ihre Lebensweise als diejenige honigsammelnder Thiere aufgeklärt worden.

---
[1]) Nach Schenck.
[2]) Für genauere Angaben über Nestbau und Lebensweise vergleiche besonders Saussure, Schenck, André.
[3]) Vergl. Schenck, André.
[4]) Ann. Soc. Ent. France 1871. pag. 375. Vergl. André.
[5]) Eod loco 1869. Bull. pag. XXIX. Vergl. André.

Hymenoptera.

Diese artenarme Gruppe umfasst sieben Genera, von denen fünf der palaearctischen, drei der südeuropäischen und nur eines unserer Fauna angehört.

Es sei mir gestattet, an dieser Stelle den HH. E. Frey-Gessner in Genf und Th. Steck in Bern, Dr. Killias in Chur, Stadtrath Blösch in Laufenburg, H. Friese in Schwerin für die Ueberlassung ihres reichen Materiales, sowie Herrn Dr. F. Morawitz in St. Petersburg für seine freundlichen Räthe und faunistischen Angaben meinen wärmsten Dank auszusprechen.

Bei den einzelnen Arten habe ich auf die hauptsächlichsten und am leichtesten zugänglichen Autoren verwiesen und dabei besonders auch auf gute Abbildungen Rücksicht genommen. Die angeführten Arbeiten sind folgende:

Panzer. Fauna Insectorum Germaniae initia 1792—1810, fortgesetzt von
Herrich-Schäfer 1829—1840.
Wesmael[1]). Monographie des Odynères de la Belgique 1833 bis 1837. Ann. Sc. nat. Bruxelles XXX. 1833. pag. 426. — Suppl. Bull. acad. Brux. III. 1836. pag. 44—II. Suppl. l. c. IV. 1837. pag. 389.
Lepeletier de Saint-Fargeau, Histoire nat. des insectes hyménoptères. Tom. I. II. 1836.
Saussure. Etudes sur la famille des Vespides I—III. 1852—56.
Schenck. Die deutschen Vesparien. Nass. naturw. Jahrbücher. XVI. 1861. S. 1.
Morawitz[1]) F. Uebersicht d. im Gouv. Saratow und um Petersburg vorkommenden Odynerusarten. Hor. soc. Ent. Ross. IV. 1866. S. 109 (bez. Mor. I.).
Morawitz[1]) F. Ueber einige Faltenwespen und Bienen aus der Umgegend von Nizza l. c. V. 1867. S. 145 (bez. Mor. II.).
Thomson. Hymenoptera Scandinaviae. Tom. III. 1874.
Kriechbaumer. Eumenidenstudien. Katters Ent. Nachrichten. V. 1879.

Bestimmungstabelle der Gattungen.

1. Drei geschlossene Cubitalzellen; Fühler deutlich gebrochen; Geisel nur schwach verdickt nach dem Ende zu 2
Zwei geschlossene Cubitalzellen; Fühler deutlich keulenförmig geköpft (Masaridae).
Gattung 8. **Celonites** Latr.

---

[1]) Die angeführte Seitenzahl bezieht sich auf die Seitenzahl des Separat-Abdruckes.

2. Tarsenkrallen ungezähnt (Vespidae) 3
    Tarsenkrallen gezähnt (Fig. 1) (Eumenidae) . . . 4
3. Hinterleib kegelförmig; Segment 1 an der Basis
    kegelförmig abgestutzt. Unteres Ende des Kopfschil-
    des nicht in eine Spitze vorgezogen. Fühler des ♂
    am Ende nicht umgerollt.   Gattung 1. **Vespa** L.
— Hinterleib an der Basis nicht abgestutzt, sondern
    allmählig nach vorn verschmälert. Unteres Ende des
    Kopfschildes in eine Spitze ausgezogen. Fühler des ♂
    am Ende umgerollt.   Gattung 2. **Polistes** F.
4. Hinterleib gestielt, d. h. Segment 1 viel schmäler als 2,
    trichterförmig mit stielförmiger Basis; Segment 2 voll-
    kommen glockenförmig, mit einem kurzen dünnen Hals
    in Segment 1 eingefügt 5
— Hinterleib nicht oder kaum gestielt; Segment 1
    nicht viel schmäler als 2; Segment 2 mit der ganzen
    Breite seiner Basis in das erste eingefügt 6
5. Mitteltibien mit 2 Enddornen; Thorax viel länger
    als breit; Fühler ganz nahe dem Kopfschild einge-
    fügt.   Gattung 3. **Discoelius** Pz.
— Mitteltibien mit 1 Enddorn; Thorax kugelig, kaum
    länger als breit; Fühler etwas entfernt vom Kopf-
    schild eingefügt.   Gattung 4. **Eumenes** F.
6. Zweite Cubitalzelle gestielt. (Fig. 2.)
       Gattung 7. **Alastor** Lep.
    Zweite Cubitalzelle nicht gestielt 7
7. Die rücklaufende Ader 2 nahe vor dem Ende der
    Cubitalzelle 2 eingefügt, selten in das Ende. Lip-
    pentaster kürzer als die Zunge, viergliedrig, mit dün-
    nen, schmalen, nicht gefiederten Gliedern.
       Gattung 5. **Odynerus** Latr.
— Die rücklaufende Ader 2 in das Ende der Cubital-
    zelle 2 eingefügt oder noch dahinter; Lippentaster
    länger als die Zunge, dreigliedrig, die Glieder sehr
    lang, breit, zusammengedrückt und gefiedert. (Fig. 3.)
       Gattung 6. **Pterochilus** Klug.

I. Familie: **Vespidae**.
Gattung I. **Vespa** L.

Oberkiefer kurz, am Ende verbreitert mit einem basalen
und drei starken endständigen Zähnen. Kiefertaster sechsgliedrig,
Lippentaster viergliedrig. Unterlippe kurz, vierlappig.

Kopf hinten koncav ausgerandet. Kopfschild mehr oder weniger quadratisch, unten nicht in eine Spitze auslaufend, Unterrand desselben gerade oder concav, Fühler gekniet, gegen das Ende leicht verdickt, beim ♂ einfach und gerade. Zwischen den Fühlern eine meist hell gefärbte erhabene Platte, corona genannt.
Thorax kugelig, hinten senkrecht abfallend. Seiten des Metathorax abgerundet. Tarsenkrallen einfach.
Abdomen ungestielt, vorn senkrecht abgestutzt. 1. Segment so breit als das 2., sehr kurz.

Diese in ihrem Typus äusserst constante Gattung umfasst circa 50 Arten, die fast ausschliesslich die nördliche Hemisphaere und zwar bis zum hohen Norden (70° n. Breite) bewohnen. Im ostindischen Archipel erreichen einige Arten die tropische Zone. Aus Südamerika und Australien sind keine Arten dieser Gattung bekannt.

Die Wespen bauen Nester aus papier- oder pappdeckelartiger Masse, die sie entweder frei in Gebüsch, an Dächern und dergl. aufhängen, oder in Erd- und Felslöchern, hohlen Bäumen und dergl. unterbringen. Die erstern tragen ausnahmslos (wenigstens in unserm Klima), die letztern meist eine mehrfach geschichtete Hülle. Die erstern haben ein Flugloch, das sich am untern Ende des Nestes befindet, die letztern meist zwei, deren eines als Eingangs-, das andere als Ausgangsöffnung benützt wird.

Die Gattung Vespa zerfällt in vier, sowohl morphologisch als biologisch ziemlich scharf getrennte Gruppen.

1. Gruppe der V. Crabro L. Kopf hinter den Augen stark verbreitert. Umfasst nur zwei europäische, wohl aber die Mehrzahl der exotischen und besonders auch alle südlichen und alle grossen Arten. — Die Arten dieser Gruppe nisten, soweit bekannt mit Vorliebe in hohlen Bäumen, in Erdlöchern, aber auch in Häusern, jedoch stets an geschützten Orten. Die Nester entbehren meist der Hülle, wenn sie sich wenigstens in geschlossenen Höhlen befinden.

2. Gruppe der V. media de Geer. Kopf hinter den Augen nicht verbreitert. Deutlicher Zwischenraum zwischen Basis der Oberkiefer und unterem Augenrand. Die Arten dieser Gruppe scheinen sich auf nördliche Gebiete zu beschränken. Es gehören hieher V. media de G., saxonica F. und silvestris Scop. und ausserdem mehrere nordamerikanische Arten. — Sie bauen rundliche Nester, die sie an Gebüsch oder Dächern und dergl. frei aufhängen (vergl. V. silvestris Sc.).

3. Grupe der V. germanica F. Wie die vorige Gruppe, aber die Augen berühren die Kieferbasis. Die einzelnen Arten dieser Gruppe zeigen meist bedeutendere Ausdehnung in der Richtung von Nord nach Süd. Es gehören hieher V. germanica F., vulgaris L., rufa L., sowie einige sibirische und nordamerikanische Arten. — Sie bauen stark bevölkerte Nester in Erdhöhlen.

4. Gruppe der V. austriaca Pz. Wie die vorige Gruppe. Hieher gehört V. austriaca Pz., lebt schmarotzend in ähnlicher Weise wie die Schmarotzerhummeln (Psithyrus Lep.). Die ♀ legen ihre Eier in die Nester anderer Wespenarten (welcher, ist noch unbekannt) und lassen sie von diesen auferziehen, ☿ fehlen. Schmiedeknecht hat auf diese Art eine neue Gattung, Pseudovespa, gegründet. Da sich aber dieses Genus nur auf biologische und nicht auf morphologische Unterschiede stützt, so ist es, wie auch André ganz richtig bemerkt, unhaltbar.

Bestimmungstabelle der Arten.

(Nach Schmiedeknecht, Katters Ent. Nachrichten VII. 1881. S. 313.)

♀. ☿.

Kopf hinter den Augen sehr stark erweitert; Nebenaugen desshalb sehr weit vom Hinterrande des Kopfes entfernt, viel weiter als vom Augenrande. Grösste Art.   1. **V. crabro** L.

Kopf hinter den Augen wenig oder nicht erweitert. Nebenaugen dem Hinterrande näher als dem Augenrande 2

2. Thorax mit braunrother, Hinterleib mit braungelber Zeichnung. Zweitgrösste Art, dem ☿ von V. crabro ähnlich.   2. **V. media** D. Geer ♀.

Das Gelb von Thorax und Hinterleib hell . . . 3

3. Zwischen dem untern Rande der Augen und der Basis der Kiefer ein beträchtlicher Zwischenraum. Unterseite des Fühlerschaftes meist hell gefärbt. . 4

Unterer Augenrand fast die Basis der Kiefer erreichend. Unterseite des Fühlerschaftes meist schwarz 7

4. Segment II, meist auch I seitlich roth gefleckt.
    3. **V. saxonica** Fab.
    var. **norvegica** Fab.

Hinterleib an der Basis nicht roth gefleckt . . . 5

5. Ausrandung der Augen ganz gelb ausgefüllt. Pronotum vorn seitlich mit senkrechter gelber Linie.
    2. **V. media** D. Geer. ☿

Ausrandung der Augen nur zum kleinen Theile gelb. Pronotum höchst selten mit gelber senkrechter Linie 6

6. Kopfschild mit ziemlich grosser, eckiger, schwarzer Makel oder Längsstrich, vorn seitlich der Ausrandung zahnartig vorgezogen, zumal beim ♀.
    3. **V. saxonica** Fab.

Kopfschild ganz gelb oder mit schwarzem Punkt, vorn kaum ausgerandet, die Seitenecken kaum merklich.   4. **V. silvestris** Scop.

7. Augenausrandung ganz gelb ausgefüllt 8
Augenausrandung nur unten gelb 9
8. Kopfschild mit einem oder drei schwarzen Punkten. Der hintere Augenkreis ganz gelb. 5. **V. germanica** Fab.

Kopfschild mit schwarzem, zackigem Längstreif. Der hintere Augenkreis theilweise schwarz. 6. **V. vulgaris** L.

9. Hinterleibsbasis mehr oder weniger roth gezeichnet,

Kopfschild schwach ausgerandet, die Seitenecken rechtwinkelig, wie der Rücken grob punktirt. Metathorax zottig behaart. 7. **V. rufa** L.

Hinterleib ohne rothe Färbung. Die Ecken seitlich der Ausrandung des Kopfschildes zahnartig vorgezogen. Dieser sowie der Rücken viel feiner punktirt. Metathorax kurz flaumartig behaart. ♀ fehlen.
8. **V. austriaca** Pz.

♂.

Kopf hinter den Augen stark erweitert; Nebenaugen desshalb sehr weit vom Hinterrande des Kopfes entfernt, viel weiter als vom Augenrande; Thorax mit braunrother Zeichnung. Grösste Art. 1. **V. crabro** L.

Kopf hinter den Augen wenig oder nicht erweitert; Nebenaugen dem Hinterrande näher als dem Augenrande. Thorax ohne rothe Zeichnung, höchst selten das Schildchen braunroth 2
2. Augen von der Kieferbasis ziemlich weit abstehend 3
Augen fast an die Basis der Oberkiefer stossend . 6
3. Letztes Ventralsegment ziemlich tief dreieckig ausgeschnitten. Fühlergeissel unten braungelb, die einzelnen Glieder wie geknickt und dadurch unten stark höckerig vortretend. Pronotum vorn mit senkrechter gelber Linie. Zweitgrösste Art.
2. **V. media** D. Geer.

Letztes Ventralsegment nicht ausgeschnitten. Fühlergeissel unten oft schwarz, die Glieder nur schwach höckerig. Pronotum seitlich ohne senkrechte gelbe Linie, oder dieselbe ist höchstens im obern Ende ganz leicht angedeutet (silvestris Scop. var.) . . . 4
4. Hinterleibsbasis roth gezeichnet.
3. **V. saxonica** F. var. norvegica F.

Hinterleib nicht roth gezeichnet 5
5. Fühlergeissel unten fast immer braungelb, deutlich abgeplattet. An den Endgliedern die Abplattung nach aussen durch je zwei erhöhte Längsstriche abgegrenzt. 3. **V. saxonica** F.

Fühlergeissel unten schwarz, schwach abgeplattet, ohne vortretende Längsstriche. Hinterleib glänzender und reiner gelb. 4. **V. silvestris** Scop.
6. Letztes Rückensegment von der Mitte an aufwärts gebogen, desshalb in der Mitte eingedrückt erschei-

nend, der Endrand deutlich ausgeschnitten. Die
ganze Augenausrandung gelb ausgefüllt 7
Letztes Rückensegment gleichmässig gewölbt, nicht
aufgebogen; Endrand nicht ausgeschnitten. Augenausrandung nur theilweise gelb 8
7. Die gelbe Ausfüllung der Augenausrandung oben
nach innen vorgezogen und zuweilen mit dem gelben
Stirnflecke verschmelzend. Kopfschild mitten mit
schwarzer Makel, zuweilen noch zwei blasse, quer-
stehende darunter. Die Genitalklappen (der mittlere tigelartige Theil der Genitalien, der auch bei
getrockneten Exemplaren fast stets vorragt) an der
Spitze fast stets ausgerandet. 1. Segment oben mit
drei Makeln. Zeichnung schön gelb. 5. V. germanica Fab.
Die gelbe Ausfüllung oben nicht vorgezogen, sondern concav und somit ziemlich weit von der Stirn-
makel entfernt. Kopfschild fast stets mit zwei über-
einanderstehenden, schwarzen Punktflecken. Die
Genitalklappen an der Spitze abgerundet. 1. Segment meist mit schwarzer Basalbinde, die in der
Mitte eckig vortritt. Zeichnung mattgelb.
6. V. vulgaris L.
8. Hinterleibsbasis roth gefärbt. Genitalklappen an
der Spitze zugerundet, ohne Ausrandung. Kopfschild meist mit zackigem Längsstreif. 7. V. rufa L.
Hinterleibsbasis nicht roth gefärbt. Genitalklappen
an der Spitze breit abgestutzt und ausgerandet.
Kopfschild mit drei dunkeln Punkten, die meist
verloschen sind. 8. V. austriaca Pz.

Beschreibung der Arten.
1. Vespa crabro L.

V. crabro L. Fab. Lep. I. 509. pl. 9. — Snuss. II. 130. — Schenck 24. —
Thomson 9. — André 584.
Länge: ♀ 26—35 mm.; ☿ 19—23 mm.; ♂ 21—23 mm.
Flügelspannung: ♀ 48—55 mm.; ☿ 38—40 mm.; ♂ 42—45 mm.

Das ganze Thier ziemlich reichlich abstehend, rothbraun
behaart. Kopf wenig schmäler als der Thorax, hinter den
Augen sehr verbreitert. Augen nicht ganz bis an die Kieferbasis reichend. Kopfschild dicht punktirt, unten seicht ausgerandet, ohne vorspringende Ecken neben der Ausrandung.
Nebenaugen weit nach vorn liegend, weiter vom hintern

Kopfrande entfernt als vom Augenrande. An den Seiten des Prothorax eine stark vorspringende senkrechte Leiste. Thorax zerstreut punktirt. Auf dem Schildchen eine deutliche Längsfurche. Abdomen matt, dicht mit äusserst feinen Schüppchen bedeckt. Basis des II. Segmentes sehr fein längsrunzelig. Beine mit zerstreuten, langen, rothen Borstenhaaren besetzt und dazwischen mit einem sehr kurzen, goldschimmernden Flaum. Flügel bernsteingelb getrübt. Nerven hellbraun.

♀ ☿ Dunkelpechbraun, orangegelb und kupferroth gezeichnet. Kopf rothbraun mit Kopfschild, Augenausrandung, Corona, der Unterseite des Fühlerschaftes und den Oberkiefern gelb. Unterer Saum des Kiefers und eine Linie oberhalb dem Kopfschilde schwarz. Thorax dunkelpechbraun; Pronotum, zwei Längslinien in der Mitte des Mesonotum, Schildchen, Hinterschildchen, sowie ein Fleck unter dem Flügelansatz roth. I. Segment pechbraun, vorn mit rother Binde, hinten mit schmalem, gelbem Saum. II. Segment mit breiter, dreifach gezackter, brauner Basalbinde und gelbem Endsaum. Rest des Abdomens gelb. III. Segment mit drei, IV. und V. mit je zwei braunen Vorderrandflecken. Hinterrand von Ventralsegment II—V gelb, letztes ganz gelb. Beine braun. Tarsen heller.

♂ dem ♀ ähnlich; Kopfschild unten abgerundet. Jedes Fühlergeisselglied trägt unten an seinem äusseren Rande zwei erhabene Längsleisten. Vorletztes Ventralsegment unten fast winkelig ausgerandet; letztes, sowie das letzte dorsale abgestutzt und seicht ausgerandet. Färbung wie beim ♀, doch sind die braunen und rothen Parthien heller.

V. crabro könnte höchstens mit der Asien, Nordafrica und dem äussersten Süden Europa's angehörigen V. orientalis F. verwechselt werden.

Unsere Art baut ihre Nester aus einer grobrunzeligen, gelblichen, sehr brüchigen Papiermasse in hohle Bäume, Erdlöcher, in Scheunen etc. Die Colonien sind oft stark bewohnt.

Findet sich durch ganz Europa; bei uns nicht selten, steigt bis 1300 m. Kommt, wie auch V. germanica F. und vulgaris L., in Nordamerika vor, wohin sie wahrscheinlich zufällig importirt wurde.

2. Vespa media De Geer.

V. media De Geer. — Sauss. II. 129. — Schenck 24. — Thoms. 10. — André 586. —
V. Geerii Lep. I. 510.

Grösse: ♀ 18—20 mm.; ☿ 15—16 mm.; ♂ 15—17 mm.
Flügelspannung: ♀ 35—40 mm.; ☿ 25—28 mm.; ♂ 28—31 mm.

Kopf und Thorax reichlich abstehend röthlich, Abdomen viel kürzer, schwarz behaart. Kopf hinter den Augen nicht verbreitert. Zwischen Basis des Oberkiefers und unterem Ende der Netzaugen ein beträchtlicher Zwischenraum. Kopfschild zerstreut, oberflächlich punktirt, unten deutlich ausgerandet, ohne vorspringende Ecken neben der Ausrandung. Nebenaugen nahe dem hintern Rande des Kopfes. An den Seiten des Prothorax eine deutlich vorspringende senkrechte Leiste. Thorax mässig dicht punktirt, Zwischenräume der Punkte sehr fein gerunzelt. Schildchen mit tiefer Längsfurche. Abdomen matt, ohne gröbere Punkte. Flügel leicht bernsteingelb getrübt mit hellbraunen Adern.

♀ schwarz mit orangegelber und rothbrauner Zeichnung. Kopf schwarz, Gesicht gelb. Kiefersaum, Scheitel um die Ocellen herum, die Parthie um den Fühleransatz, sowie die Backen und hie und da ein Fleck auf dem Kopfschild schwarz. Fühler oben schwarz; Schaft unten gelb; Geissel unten röthlich. Augenausrandung ganz gelb. Thorax schwarz; Pronotum oben roth, am hintern Rande und der senkrechten Leiste entlang gelb. Am hintern Ende des Mesonotum, auf dem Schildchen und Hinterschildchen je zwei rothe Flecke, die aber oft theilweise fehlen. Abdomen mit schmaler, gelber Endbinde auf Segment I und II; auf III und IV wird die schwarze Parthie schmäler und zeigt zwei seitliche kolbenförmige Ausläufer in die gelbe Parthie, die auf Segment IV oft in Form freier Punkte ganz abgelöst sind. Rest des Abdomens ganz gelb. Auf der Bauchseite Segment II bis V mit gelber, in der Mitte oft unterbrochener Binde. VI. Segment gelb. Hüften und Basis der Oberschenkel schwarz. Rest der Beine roth, Tarsen gelb.

☿ unterscheiden sich durch tiefere Ausrandung des Kopfschildes und viel spärlichere Behaarung des Abdomens. Die rothe Farbe ist oft völlig verschwunden, die schwarze und gelbe viel reiner und lebhafter. Kopfschild meist mit senkrechter schwarzer Linie in der obern Hälfte. Hinterer Augenrand zum Theil schwarz. Schildchen und Hinterschildchen mit gelber Zeichnung am Vorderrande, die hie und da mit etwas roth gemischt ist. Ab und zu ein gelber Fleck unter dem Flügelansatz. Gelbe Binden des Abdomens schmäler als beim ♀, oft kaum gebuchtet.

♂ ähnlich dem ☿; Kopfschild fast gerade abgestutzt, mit senkrechtem schwarzem Strich an der Basis. Fühlergeissel unten roth; die einzelnen Glieder abgeflacht, gegen das Ende etwas verdickt; Fühler daher von der Seite gesehen unten wellig. Die bei V. crabro L. beschriebenen Leistchen auf der Unterseite vorhanden, aber viel kleiner. Letztes Ventralsegment deutlich ausgerandet. Färbung wie beim ☿.

Die ♀ dieser Art sind leicht zu unterscheiden an der Grösse, der Länge des Kopfes und der rothen Färbung; die ☿ könnten verwechselt werden mit vulgaris L. ♀ und silvestris Scop. ♀; von ersteren sind sie unterschieden durch die Länge der Backen, und von letzteren durch den senkrechten gelben Strich am Prothorax und die Zeichnung des Kopfschildes; das ♂ ist kenntlich von den verwandten Arten durch die Ausrandung des letzten Ventralsegmentes, dem senkrechten gelben Strich am Prothorax und die Färbung des Kopfschildes.

V. media D. G. baut mittelgrosse Nester, die im Gebüsch oder an Dächern aufgehängt sind.

Diese Art findet sich in ganz Mittel- und Nordeuropa, aber überall ziemlich selten; sie fehlt im Süden. Bei uns zerstreut und ziemlich selten; Nord- und Südschweiz, steigt bis 1500 M.

3. Vespa saxonica Fab.

V. saxonica Fab.-Sauss. II. 126. — Schenck 25. — Thomson 13. — André 590.

Länge: ♀ 15—17 mm.; ☿ 11—13 mm.; ♂ 13—15 mm.
Flügelsp.: ♀ 28—32 mm.; ☿ 20—22 mm.; ♂ 25—28 mm.

Das ganze Thier abstehend grau bis schwärzlich behaart. Deutlicher Zwischenraum zwischen Oberkieferbasis und unterm Augenrand. Kopfschild zerstreut, besonders in der Mitte sehr sparsam punktirt, deutlich ausgerandet, mit scharfen, nach vorn gerichteten Spitzen zu beiden Seiten der Ausrandung. Senkrechte Leiste des Prothorax wie bei voriger Art. Sculptur des Thorax wie bei V. media D. G. Schildchen mit abgekürzter Längsfurche. Abdomen ziemlich dicht, grob punktirt, Flügel leicht bernsteingelb getrübt, Nerven hellbraun.

♀ schwarz mit gelben Zeichnungen. Kopf schwarz. Oberkiefer gelb, mit schwarzem Saum an der untern Parthie. Kopfschild gelb mit einem grossen, unregelmässigen centralen Fleck. Corona, Unterseite des Fühlerschaftes, oberes und hie und da auch unteres Ende des hintern Augenrandes und eine schmale Linie am untern Saum der Augenausrandung gelb. Thorax schwarz, Hinterrand des Prothorax, ein Fleck unter dem Flügelansatz, je ein in der Mitte unterbrochener Querstreifen auf dem Schildchen und Hinterschildchen gelb. Segment I mit schwarzer basaler Binde, die in der Mitte stumpfwinklig in die gelbe Binde des Hinterrandes vorragt. Die übrigen Segmente an der Basis mit schwarzer, seitlich verschmälerter Binde, am Hinterrande gelb; im gelben seitlich ein oft abgetrennter schwarzer Fleck; letztes Segment gelb. Am Bauch alle Segmente mit gelber Endbinde, letztes ganz gelb. Hüften und Oberschenkel schwarz, Schienen gelb, hinten schwarz gestreift. Tarsen gelb.

☿ dem ♀ ähnlich; vorspringende Ecken des Kopfschildes weniger scharf; gelbe Abdominalbinden schmäler; Beine mehr gelb.

♂ dem ☿ ähnlich; Kopfschild gerade abgestutzt; Fühlergeissel unten meist bräunlich; die einzelnen Glieder mit erhabener, unterbrochener Längslinie am äussern Rande, weniger abgeflacht als bei der vorigen Art. Letztes Ventralsegment am Hinterrande abgestutzt. Färbung wie beim ☿. Abdominalbinden schmal.

Der schwarze Fleck des Kopfschildes ist sehr variabel, besonders beim ♂. Oft besteht er nur in Form dreier senkrecht über einander stehender Punkte, oder einer schmalen senkrechten Linie. Hie und da ist der Kopfschild des ♂ auch ganz gelb.

Var. norvegica F. — Sauss. II. 128. — Schenck 25. — Thomson und André unter saxonica Fab. — Segment I und II seitlich mit rothem mit der gelben Binde verschmolzenem Fleck.

V. saxonica F. unterscheidet sich von der vorhergehenden Art durch die Grösse, den Mangel der senkrechten Linie am Pronotum, den schmalen gelben Saum in der Augenausrandung; von der folgenden, der sie sehr ähnlich ist, siehe daselbst.

Diese Art baut meist kleinere Nester von grauer Farbe in Häusern, an Dachvorsprüngen u. dgl. Ganz Europa, fehlt im äussersten Süden. Bei uns ziemlich häufig, bis 2000 m. Var. norvegica F. zeigt dasselbe Vorkommen wie die Stammform.

4. Vespa silvestris Scop.

V. silvestris Scop. — Sauss. II. 123. — André 588.
V. holsatica Fab. Schenck 26. — Thomson 16.
 Länge: ♀ 17—20 mm.; ☿ 13—15 mm.; ♂ 14—16 mm.
 Flügelsp.: ♀ 27—30 mm.; ☿ 20—24 mm.; ♂ 20—24 mm.

Das ganze Thier ziemlich reichlich abstehend behaart, an Scheitel und Thorax schwarz, im Gesicht, der ganzen Unterseite, dem Metathorax und dem Abdomen grau. Deutlicher Zwischenraum zwischen Kieferbasis und unterm Augenrand. Kopfschild durchweg ziemlich dicht, überall gleichmässig punktirt, unten sehr flach ausgerandet, ohne scharfe Spitzen neben der Ausrandung. Am Prothorax eine senkrechte Leiste wie bei den vorigen Arten. Thorax etwas spärlicher punktirt, als bei den vorigen Arten, glänzender. Schildchen mit langer deutlicher Längsfurche, Abdomen matt; gröbere Punkte sehr vereinzelt. Flügel wie bei den vorigen Arten.

♀ schwarz mit gelben Zeichnungen. Oberkiefer, Corona, Unterseite des Fühlerschaftes, die obere Hälfte des hintern Augensaumes gelb. Innerer Augensaum bis tief in die Augenausrandung hinein mit schmalem gelbem Saum. Kopfschild gelb mit kleinem schwarzem Punkt in der Mitte. Hinterrand des Pronotum, ein hie und da fehlender Fleck unter dem Flügelansatz, zwei grosse Flecke auf dem Schildchen gelb. Hinterschildchen meist schwarz, hie und da gelb gefleckt. Abdomen mit wenig gebuchteten gelben Binden. Die schwarze Binde am Vorderrande des I. Segmentes in der Mitte stumpfwinklig vorragend; auf dem II. und III. Segment ebenso und seitlich noch je eine rundliche Vorragung; IV. und V. ohne diese letztere; VI. Segment ganz gelb. Schmale regelmässige Binde an allen Ventralsegmenten. Hüften und Oberschenkel schwarz; Rest der Beine gelb.

⚥ den ♀ ähnlich; Abdominalbinden jedoch schmäler.
♂ dem ⚥ ähnlich; Fühlergeissel unten kaum abgeplattet,
ohne Längsleiste, stets schwarz. Letztes Ventralsegment abgerundet. Färbung wie beim ⚥. Gelbe Färbung des Prothorax,
hie und da der erhabenen Leiste entlang hinabsteigend.

V. silvestris Scop. ist von der vorigen Art verschieden beim ♀ durch
die Form, Punktirung und Färbung des Kopfschildes; beim ♂ ausserdem
durch den Mangel der Längsleisten an der mehr runden, stets schwarzen
Fühlergeissel.
Diese Art baut ähnlich wie die vorige, doch sind schon mehrfach
unterirdische Colonien beobachtet worden. (Vergl. André 437.) Mittel- und
Nordeuropa, scheint im Süden zu fehlen. Bei uns ziemlich häufig, mehr in
der montanen Region bis 2000 m.

5. Vespa germanica Fab.

V. germanica Fab. Lep. I. 515. — Sauss. II. 116. — Schenck 26. — Thomson 20. — André 594.
Länge: ♀ 17—19 mm.; ⚥ 13—16 mm.; ♂ 13—16 mm.
Flügelsp.: ♀ 30—35 mm.; ⚥ 20—25 mm.; ♂ 22—28 mm.

Kopf und Thorax abstehend schwarz, Abdomen kurz goldglänzend behaart. Unterer Augensaum stösst an die Kieferbasis. Am Kopfschild zerstreute gleichmässige Punkte, Zwischenräume derselben äusserst dicht und fein punktirt. Kopfschild unten
seicht aber deutlich ausgerandet mit ziemlich stumpfen leicht
vorwärts gerichteten Spitzchen neben der Ausrandung. Kopf
und Thorax matt, zerstreut punktirt. Zwischenräume zwischen
den Punkten sehr fein, dicht punktirt. Keine Leiste seitlich
am Prothorax. Längslinie auf der Mitte des Schildchens
schwach angedeutet, kurz. Abdomen ohne grobe Punkte. Stigma und Nerven braun.

♀ schwarz mit gelben Zeichnungen. Oberkiefer gelb mit
schwarzem Endsaum. Kopfschild gelb, meist mit drei, in Dreieckform angeordneten kleinen schwarzen Punkten, hie und da
auch zwei oder nur ein Punkt oder eine schmale senkrechte
Linie. Hinterer Augensaum ganz gelb. Innerer Augensaum
und Augenausrandung gelb. Der Fleck in der Augenausrandung quillt stark nach innen vor, endet mit convexem
Rande, und erreicht beinahe die gelb gefärbte Corona. Hinterer Rand des Pronotum mit gelbem Saum, der nach vorn
und aussen in Dreieckform erweitert ist. Die Flügelschuppen,
ein Fleck unter dem Flügelansatz, zwei Flecke auf dem Schildchen und eine mitten unterbrochene Binde auf dem Hinterschildchen gelb. Alle Segmente tragen eine sehr breite gelbe
Endbinde. Am I. Segmente ist nur die vordere, dem Thorax
zugekehrte Fläche schwarz und auf der horizontalen Parthie
ein medianer rhombischer Fleck, seitlich je ein mehr rundlicher.

II.—V. Segment an der Basis mit mässig breiter schwarzer Binde, die median zungenförmig in die gelbe Binde hineinragt, seitlich je ein abgetrennter schwarzer Fleck. VI. Segment nur mit schmaler schwarzer Längslinie. Auf der ventralen Seite ziemlich breite dreifach gebuchtete gelbe Endbinden. Hüften und obere Hälfte der Oberschenkel schwarz; Rest der Beine gelb.
☿ dem ♀ ähnlich; Metathorax unten beiderseits gelb gefleckt. Auf dem Abdomen selten freie schwarze Punkte.
♂ dem ☿ ähnlich; Kopfschild unten abgestutzt. Letztes Ventralsegment flach ausgerandet. Letztes Dorsalsegment von der Mitte an aufgebogen, daher wie eingedrückt, am Endrande ausgeschnitten. Genitalklappe an der Spitze meist ausgerandet. Fühlerschaft unten gelb. Metathorax ungefleckt. Abdomen wie beim ☿.

Von den Arten der vorigen Gruppe ist V. germanica F. durch die verschwindend kurzen Wangen leicht zu unterscheiden, von den folgenden Arten siehe bei diesen.

V. germanica F. baut grosse, oft überaus zahlreich bewohnte Nester unter der Erde. Kommt in ganz Europa, in Nordafrika und in Asien bis nach Indien vor; findet sich auch in Nordamerika. Bei uns die häufigste Art; ♂, wie auch bei vulgaris und rufa relativ selten; steigt bis 1400 m.

6. Vespa vulgaris L.

V. vulgaris L. — Lep. I. 516 pl. 10. — Sauss. II. 113. — Schenck 26. — Thomson 18. — André 592.
Länge: ♀ 15—20 mm.; ☿ 11—14 mm.; ♂ 13—17 mm.
Flügelsp.: ♀ 27—33 mm.; ☿ 20—26 mm.; ♂ 25—27 mm.

Das ganze Thier ziemlich dicht mit gelblichen abstehenden Haaren besetzt; am Abdomen sind dieselben viel kürzer. Unterer Augensaum an die Kieferbasis stossend. Kopfschild wie bei vulgaris. Sculptur an Kopf und Thorax ebenso; Punktirung etwas weniger reichlich als bei der vorigen Art. Vorn seitlich am Prothorax keine senkrechte Leiste. Schildchen mit abgekürzter längsgerichteter Mittelfurche. Abdomen ohne gröbere Punkte. Flügel hell, Nerven und Stigma gelb.

♀ schwarz mit gelben Zeichnungen. Oberkiefer gelb mit schwarzem Endsaum. Kopfschild mit grosser basaler meist ankerförmiger Makel, die aber oft an Grösse sehr abnimmt. Unteres und oberes Drittel des hintern Augensaumes gelb, mittleres schwarz. Innerer Augenrand und Augenausrandung gelb. Der gelbe Fleck in der letztern schliesst nach innen mit concavem Rande ab. Hinterer Rand des Pronotums mit gleichmässigem schmalem gelbem Saum. Unter dem Flügelansatz ein gelber Fleck. Auf Schildchen und Hinterschildchen eine mitten unterbrochene gelbe Binde. Unten am Metathorax zwei gelbe Flecke die aber beim ♂ oft fehlen. I. Abdominalsegment schwarz mit schmaler gelber Endbinde. Schwarze Binde in der Mitte stumpfwinklig in die gelbe vorragend. Seitlich keine Flecke. Schwarze Basalbinde des II. und III. Segmentes in der Mitte fast rechtwinklig vorgezogen, seitlich je ein mit der Binde zusammenhängender oder auch freier Fleck. Auf dem IV. und V. Segment nur zwei seitliche schwarze Flecke. VI. ganz gelb. Auf jedem Ventralsegment eine doppelt gebuchtete gelbe Endbinde. Hüften und Oberschenkel schwarz; der Rest der Beine gelb. Schienen hinten schwarz gestreift.

☿ dem ♀ ähnlich; gelbe Abdominalbinden etwas schmäler.

♂ dem ☿ ähnlich; letztes Ventralsegment ziemlich tief ausgerandet; letztes Dorsalsegment wie bei germanica. Genitalklappe an der Spitze abgerundet. Hinterer Augenrand ganz gelb. Fühlerschaft unten gegen das Ende meist gelb. Metathorax sehr wechselnd, oft ohne Flecken, oft ganz gelb. Abdomen wie beim ☿, zeigt nie abgetrennte schwarze Flecke.

V. germanica F. sehr nahe verwandt, die ☿ oft gar nicht davon zu unterscheiden. Das sicherste Merkmal für ♀ und ☿ ist noch die Farbe des hintern Augenrandes, die bei germanica ganz gelb, bei vulgaris im mittlern Drittel schwarz ist, für die ♂ die Form der Genitalklappe.

Baut wie die vorige Art und zeigt ähnliche Verbreitung; kommt ebenfalls in Nordamerika vor. Bei uns fast so gemein wie die vorige, steigt bis 1800 m.

7. Vespa rufa L.

V. rufa L. — Lep. I. 517. — Sauss. II. 120. — Schenck 26. — Thomson 25. — André 601.

Länge: ♀ 15—20 mm.; ☿ 10—12 mm.; ♂ 13—16 mm.
Flügelsp.: ♀ 28-32 mm.; ☿ 20—22 mm.; ♂ 25—30 mm.

Das ganze Thier abstehend schwarz behaart. Die Augen reichen bis hart an die Kieferbasis. Kopfschild in Structur und Sculptur wie bei den vorigen Arten, etwas dichter punktirt. Ecken neben der Ausrandung stumpf, weniger nach vorn gerichtet. Grobe Punkte an Kopf und Thorax reichlicher als bei der vorigen Art. Seiten des Prothorax ohne Leiste, Längsfurche auf dem Schildchen abgekürzt. Abdomen zerstreut mit groben Punkten besetzt; Zwischenräume matt. Flügel hell. Nerven und Stigma braun.

♀ schwarz mit gelben und rothen Zeichnungen. Kiefer, Corona, schmaler Streifen am innern Augensaum bis in die Augenausrandung hinein, obere Parthie des hintern Augensaumes und Kopfschild gelb. Letzterer mit breitem, unten ankerförmig erweitertem, senkrechtem Mittelfleck. Am Hinterrande des Pronotum ein schmaler, selten in der Mitte etwas erweiterter gelber Saum. Ein kleiner Fleck unter dem Flügelansatz, zwei

Flecke auf dem Schildchen und zwei kleine hie und da fehlende auf dem Hinterschildchen gelb. I. Abdominalsegment sehr verschieden gefärbt, meist mit einer basalen und einer apicalen gelben Binde, deren erste zum Theil auf die im Uebrigen ganz schwarz gefärbte vordere, verticale Parthie des Segmentes reicht und durch drei schwarze Flecke unterbrochen ist. Mittlere Parthie des Segmentes roth. II. Segment mit breiter basaler schwarzer Binde, die in der Mitte stumpfwinklig, dreieckig oder rhombisch in die gelbe Binde vorragt; daneben zwei freie oder mit der Binde zusammenhängende schwarze Flecke, die aber auch oft ganz fehlen. In der gelben Parthie diffuse rothe Färbung. Die übrigen Segmente wechselnd mit schwarzer abgerundeter Mittelzeichnung und seitlichen freien Flecken. Auf der Ventralseite breite gelbe Endbinden mit seitlichen rothen Flecken. Hüften und obere Hälfte der Oberschenkel schwarz. Rest der Beine gelb. Ende der Schienen hinten roth.

☿ in der Zeichnung noch viel variabler. Vorderfläche des I. Segmentes oft ganz roth. Die schwarze Zeichnung auf Segment I und II oft fast verschwindend.

♂ den ☿ ähnlich; Kopfschild unten abgestutzt. Letztes Abdominalsegment nicht aufgebogen und nicht ausgerandet. Fühlerschaft gelb.

V. rufa L. ist durch die rothe Farbe an der Hinterleibsbasis leicht zu erkennen.

Diese Art nistet unter der Erde. Hr. Professor E. Hoffer aus Graz, der bekannte sorgfältige Beobachter schreibt mir darüber: „Von V. rufa L. „habe ich circa 10 Nestern ausgehoben; das schwächste hatte circa 50 ♀ „(20. Aug. 85), das stärkste (Ende Juli 83) mehr als 1000, vielleicht 1500 „Insassen, davon circa 400 ♀ und ebenso viele ♂; die Zahl der übereinander befindlichen Waben beträgt drei, alle ausserordentlich breit, so dass „das ganze Nest sammt Hülle ganz flach erscheint; die Zahl der Zellen „mehr als 3000; andere hatten kaum 5—600 Zellen. Sie ist unter den „echten Erdwespen diejenige, die am frühesten zur Entwicklung kommt." — Ganz Europa, auch in Algier nachgewiesen. Bei uns weniger häufig als die vorigen Arten, mehr der montanen Region angehörend, steigt bis 1800 m.

8. V. austriaca Panzer.

V. austriaca Pz. F. G. 83, 8. — Herrich Schäfer F. G. 179. 3. b. — Mor. Bul. d. Moscou. XXXVII 439. — Thomson 22. — André 596. —
Pseudovespa austriaca Schmiedeknecht. —
V. arborea Sm. Zool. VII. — Sauss. II. 122. Tab. XIV. — Schenck 27.
Länge: ♀ 15—17 mm.; ♂ 13—15 mm.
Flügelsp.: ♀ 25—28 mm.; ♂ 23—25 mm.

Kopf, Thorax und Abdomen abstehend schwarz behaart. Metathorax beim ♀ kahl. Augen reichen bis an die Kieferbasis. Kopfschild zerstreut punktirt, breit aber flach ausgerandet, mit scharfen leicht nach vorn gerichteten Zähnchen

neben der Ausrandung. Kopf und Thorax mit zerstreuten
groben Punkten besetzt; grobe Punkte weniger gross und tief
als bei V. rufa. Zwischenräume sehr fein punktirt. Seiten des
Prothorax ohne Leiste. Schildchen mit mässig tiefer, ziemlich
langer Längsfurche. Metathorax beim ♀ ohne lange Haare,
mit ganz kurzem Flaum dicht besetzt. Abdomen des ♀ reichlich punktirt. Flügel hell. Nerven hellbraun.

♀ schwarz mit gelben Zeichnungen. Oberkiefer, Corona,
ein schmaler Saum am innern Augenrande bis in den Grund
der Augenausrandung hinein, das obere Ende des hintern Augenrandes, sowie ein Punkt an dessen unterm Ende, meist auch
die Unterseite des Fühlerschaftes und der Kopfschild gelb.
Letzterer mit drei in Dreiecksform angeordneten schwarzen
Punkten. Hinterer Saum des Pronotum, ein Fleck unter dem
Flügelansatz, zwei Flecke auf dem Schildchen und selten zwei
kleine auf dem Hinterschildchen gelb. I. Abdominalsegment mit
regelmässiger, gelber Endbinde; an der Basis eine mitten unterbrochene, seitlich abgekürzte Binde, die zum Theil auf der
Vorderfläche des Segmentes liegt. Die übrigen Segmente tragen
an der Basis eine schmale schwarze Binde, die in der Mitte
einen nach beiden Seiten kolbenförmig erweiterten Fortsatz
nach hinten treibt. Auf den hintern Segmenten sind diese Fortsätze oft in Form freier Punkte abgelöst. Bauchseite ähnlich
gezeichnet, Hüften und Schenkel schwarz. Rest der Beine
gelb. Vorder- und Mittelschienen hinten schwarz, hintere daselbst roth gezeichnet.

☿ fehlen.

♂ dem ♀ ähnlich; Kopfschild unten schwach ausgerandet.
Letztes Dorsalsegment nicht aufgebogen und nicht ausgerandet.
Letztes Ventralsegment abgerundet. Genitalklappen an der
Spitze breit abgestutzt und ausgerandet. Kopfschild meist ganz
gelb. Fühlerschaft unten gelb. Hinterer Augensaum meist
gelb. Färbung des Abdomens im gleichen Typus wie beim ♀,
aber äusserst variabel.

♀ und ♂ sind an der Ausrandung des Kopfschildes, sowie der Färbung
desselben und des Abdomens zu erkennen; ♂ überdies an der Form der
Genitalklappen.

V. austriaca Pz. zeichnet sich vor allen andern Arten durch die
Lebensweise aus. (Vergl. Gattung Vespa, Gruppe IV.)

Diese Art ist durch Mittel- und Nordeuropa verbreitet, scheint aber
überall recht selten zu sein und mehr der montanen Region anzugehören.
Bei uns ziemlich selten, steigt bis 1800 m.

Gattung II. **Polistes** Latr.

Oberkiefer kurz, viel weniger kräftig als bei der vorhergehenden Gattung, sich am untern Ende bedeckend, mit vier

Zähnen, von denen die drei äussern scharf, der innere stumpf ist. Kiefertaster sechsgliedrig. Lippentaster viergliedrig. Unterlippe vierlappig. Kopf breit. Kopfschild nach unten winklig vorgezogen. Zwischen Basis der Oberkiefer und dem untern Augenrande ein beträchtlicher Zwischenraum. Fühler gekniet, gegen das Ende etwas verdickt, beim ♂ spiralig aufgerollt. Thorax gestreckt. Metathorax allmählig abfallend, seitlich abgerundet. Tarsenkrallen einfach.
Abdomen spindelförmig, nach vorn und hinten gleichmässig verjüngt. I. Segment ungestielt, trichterförmig, viel schmäler als das II. Dorsum des Abdomens gleichmässig gewölbt. Ventrale Parthie des I. Segmentes flach, des II. stark gewölbt.

Diese in ihrem Typus überaus constante Gattung umfasst circa 80 Arten, die über die ganze Erde verbreitet sind. Einzelne derselben bewohnen ein sehr ausgedehntes Gebiet.

Die Arten der Gattung Poliistes bauen offene hüllenlose Nester von unregelmässiger, rundlicher oder länglicher Gestalt aus grauer fliesspapierähnlicher Masse. Vermittelst eines dicken central oder excentrisch sitzenden Stieles befestigen sie dieselben an Steinen, im Gebüsch u. dgl.

Die einzige Art des palaearctischen Gebietes ist

Poliistes gallicus L.

P. gallicus L. — Lep. I. 527. — Sauss. II. 48. — Schenck 28. — André 604.
P. biglumis L. — Sauss. II. 46. — Schenck 27. — Thomson 28.
P. diadema Latr. — Lep. I. 528. — Schenck 27.
P. Geoffroyi Lep. I. 527.
 Länge: ♀ 14—16 mm.; — ☿ 10—13 mm.; — ♂ 10—13 mm.
 Flügelsp.: ♀   27 mm.; — ☿   22 mm.; — ♂   20 mm.

Das ganze Thier sehr kurz abstehend röthlich behaart. Kopf so breit als der Thorax, hinter den Augen etwas verbreitert, fein und dicht punktirt. Kopfschild breiter als hoch, nach unten in eine stumpfe Spitze auslaufend, spärlich punktirt. Thorax matt, fein und dicht punktirt. Auf Schildchen und Hinterschildchen zerstreute grobe Punkte; Zwischenräume sehr fein punktirt. Prothorax scharf gerandet. Rand als scharfe Kante an den Seiten abwärts steigend. Metathorax geneigt mit tiefer und langer medianer Längsfurche. Von dieser Furche aus verlaufen parallele scharfe Querleisten bis über die Mitte der Metapleuren hinaus. Abdomen länglich elliptisch, matt, mit feinsten Schüppchen dicht besetzt. Flügel bräunlich getrübt, iridisirend. Nerven und Stigma braun.

♀ schwarz mit gelben Zeichnungen. Oberkiefer schwarz, selten mit gelbem Fleck an der Basis. Kopfschild oft ganz gelb, häufig mit mehr oder weniger, ja bis zu einer breiten Querbinde ausgedehntem schwarzem Mittelfleck. Am innern Augenrand oberhalb dem Clypeus beiderseits je ein dreieckiger nur selten fehlender Fleck und oberhalb dem Fühleransatz eine geschweifte Querbinde gelb. Hinterer Augensaum schwarz mit einem sehr constanten gelben Fleck am obern und einem häufig fehlenden am untern Ende. Fühlerschaft oben schwarz, unten gelb; Geissel lebhaft röthlichgelb, oft oben schwarz (var. biglumis). Pronotum mit einer mehr oder weniger breiten meist geschweiften gelben Binde am Vorderrande und einer schmälern, hie und da gänzlich fehlenden am Hinterrande. (Bei südlichen [Algier] und besonders auch centralasiatischen Exemplaren verbreitern sich diese Binden beträchtlich, so dass oft das ganze Pronotum gelb erscheint.) Am Mesonotum zwei häufig fehlende Punkte vor der Mitte, ein Fleck unter dem Flügelansatz und die Flügelschuppen gelb. Schildchen und Hinterschildchen mit einer gelben, in der Mitte meist mehr oder weniger unterbrochenen gelben Binde. Am Metathorax zwei ziemlich constante Flecke nahe der Mittelfurche und zwei oft fehlende auf den Metapleuren gelb. Am Abdomen auf Segment I eine in der Mitte gebuchtete mehr oder weniger schmale Endbinde, ausserdem zeigen einzelne Exemplare noch zwei seitliche, oft mit der Binde verschmolzene gelbe Flecke; auf Segment II—V eine dreifach gebuchtete, seitlich nach vorn erweiterte gelbe Endbinde; Segment VI ist fast ganz gelb, mit einem kurzen dreieckigen schwarzen Fleck an der Basis. Auf Segment II ausserdem zwei seitliche gelbe Flecke von variirender Grösse, welche hie und da mit der Endbinde verschmelzen. Auf der ventralen Seite auf Segment II—VI eine breite gelbe Endbinde, die hie und da in der Mitte unterbrochen ist. Segment VI kommt ganz gelb, aber auch ganz schwarz vor. Beine gelb, Hüften und Oberschenkel mit Ausnahme der Kniee schwarz.

⚥ wie das ♀ gefärbt.

♂ dem ♀ ähnlich; Fühlergeissel am Ende aufgerollt; Oberkiefer und das ganze Gesicht bis zum Scheitel gelb; Unterseite des Thorax, sowie die Hüften und die Unterseite der Oberschenkel fast stets gelb, nur selten schwarz.

Trotz der ausserordentlichen Variabilität der Färbung haben die Autoren, gestützt auf Farbenunterschiede, verschiedene Arten angenommen, die aber nur als Varietäten taxirt werden können.

P. gallicus L. forma genuina. Oberseite der Fühlergeissel rothgelb.

var. biglumis L. = diadema Latr. Oberseite der Fühlergeissel schwarz. Zwei seitliche Flecke auf dem I. Abdominalsegment gelb.

var. Geoffroyi Lep. wie var. biglumis L.; I. Abdominalsegment ohne seitliche Flecke.

Diese Art baut Nester von oben beschriebener Art, meist von geringer Grösse. Der Stiel ist beinahe central, meist etwas oberhalb dem Centrum eingefügt.

P. gallicus L. zeigt überaus grosse Verbreitung. Er ist gemein in Süd- und Mittel-Europa, findet sich in Nordafrika und Mittelasien bis nach China und Japan. In England soll er fehlen, in Holland und Belgien sowie in Nordfrankreich recht selten sein; kommt aber in Schweden und Russland vor. In der Schweiz überall gemein, steigt bis 2000 m. (Alp Ponchette, Engadin). ♀ ⚥. III—X. ♂ VII und VIII.

II. Familie: Eumenidae.

Gattung III. Discoelius Latr.

Oberkiefer kurz, stumpf dreizähnig. Kiefertaster sechsgliedrig; Lippentaster viergliedrig. Unterlippe kurz, zweilappig; ein kleines Knötchen am Ende eines jeden Lappens. Kopf ziemlich breit. Augen nicht die ganze Kopfseite einnehmend, bis zur Kieferbasis reichend, nierenförmig, Ausrandung tief und schmal. Kopfschild breiter als hoch. Fühler unterhalb der Mitte des Kopfes, nahe dem obern Rande des Kopfschildes eingefügt. Fühlergeissel in der Mitte verdickt, am Ende spitz; letztes Glied beim ♂ hakenförmig umgebogen. Thorax vorn gerundet, länger als breit. Vorderhüften sehr lang. Femora und Tibien dick und kurz. Mitteltibien mit zwei Enddornen. Flügelspitzen überragen das Ende des Abdomen. Radialzelle hinten abgestutzt mit deutlichem Anhang; II. rücklaufende Ader ungefähr in der Mitte der Cubitalzelle II mündend.

Erstes Abdominalsegment viel schmäler als das zweite, kurz trichterförmig, die Basis stielförmig; das breitere Ende plötzlich in den Stiel abfallend, oberhalb sehr gewölbt. Der Rest des Abdomens oval, relativ kurz und flach. Das zweite Abdominalsegment breit glockenförmig, mit einem kurzen dünnen Halse in das erste eingefügt, oberhalb und seitlich stark gewölbt, viel breiter als das Ende des ersten.

Die Gattung enthält circa 10 Arten, von denen nur zwei der europäischen, die übrigen der südamerikanischen und australischen Fauna angehören.

Die einzige schweizerische Art ist:

Discoelius zonalis Panzer.

Discoelius zonalis Panz. Faun. Germ. 81, 18. — Lep. II. 604. —
Sauss. I. 26. — Schenck 33. — Thomson 32. — André 616; Taf. XL. 9.
♀ Länge: 10—15 mm.; — Flügelspannung: 25—30 mm
♂ " 13 " " 26 "

Das ganze Thier dicht und abstehend schmutzig-grau behaart. Kopf glänzend, dicht punktirt. Kopfschild unten abgerundet, längsrunzlig. Stirn senkrecht gerunzelt. Thorax grob längsrunzlig, ebenso das Schildchen, glänzend. Hinterschildchen und abschüssige Partie des Metathorax grob querrunzlig punktirt. Erstes Abdominalsegment sehr grob und dicht punktirt, zweites an der Basis ebenso; die Punkte nach rückwärts immer seichter und seltener werdend; Hinterrand sehr glänzend, fast punktlos. Die übrigen Segmente zerstreut punktirt. Flügel besonders in der Humeral- und Radialzelle bräunlich getrübt, violett schimmernd. Nerven dunkel. Stigma hellbraun.

♀ schwarz mit gelben Zeichnungen. Unterrand des Clypeus, Kieferbasis und Unterseite des Fühlerschaftes gelb. Thorax schwarz; hie und da tragen aber auch die Schulterbeulen oder die Mesopleuren oder das Hinterschildchen oder verschiedene dieser Partien zugleich gelbe Flecke. Flügelschuppen schwarz mit hellerem Fleck. Metathorax schwarz. Hinterrand des I. und II. Abdominalsegmentes mit unregelmässig geschweifter gelber Binde, deren letztere sich auch auf die Bauchseite ausdehnt. Hie und da auch das III. und IV. Abdominalsegment mit gelber Binde. Beine schwarz; Vorder-Tibien gelb gestreift; Tarsen braunroth.

♂ unterscheidet sich durch reichlichere gelbe Zeichnung an Kopf, Thorax und Abdomen und schlankere Beine.

Discoelius zonalis Pz. ist nicht zu verwechseln. Der südfranzösische D. Dufourii Lep. unterscheidet sich von zonalis Pz. durch geringere Grösse und einen nicht abgerundeten, sondern vorn in zwei spitze Zähnchen auslaufenden Kopfschild.

D. zonalis Pz. baut Nester wie die Eumenes-Arten und trägt nach Audouin Pyralidenraupen ein.

D. zonalis Pz. findet sich in ganz Europa, aber überall selten, besonders die ♂; steigt bis 600 m. VII—VIII. Bern, Amsteg, Fürstenau, Siders.

Gattung IV. Eumenes Fab.

Oberkiefer lang, schmal, vierzähnig, scheerenförmig gekreuzt, oder, wenn sie aneinander liegen, einen spitzigen Schnabel bildend. Lippentaster viergliedrig; Kiefertaster sechsgliedrig. Unterlippe ziemlich lang, länger als die Oberkiefer, zweilappig, ein kleines Knötchen am Ende eines jeden Lappens.

Kopf flach, klein; schmäler als der Thorax. Augen stark gewölbt, die ganze Kopfseite einnehmend, nierenförmig, erreichen die Kieferbasis. Kopfschild viel höher als breit. Fühler oberhalb der Mitte des Kopfes, etwas entfernt vom Kopfschilde eingefügt; Fühlergeissel schlank, gegen das Ende zu etwas verdickt; letztes Glied beim ♂ hakenförmig umgebogen. Thorax vorn gerundet, ungefähr so lang als breit. Beine, besonders die Vorderbeine kurz, Mittelschienen mit einem Enddorn. Flügel kurz, kaum das Ende des Abdomens erreichend. Radialzelle hinten nicht abgestutzt, sondern abgerundet bis spitzig (wenigstens bei den schweizerischen Arten); Anhang vorhanden, aber viel weniger deutlich als bei Discoelius; II. rücklaufende Ader weit hinter der Mitte der Cubitalzelle II mündend.

Erstes Abdominalsegment wie bei Discoelius, nur gestreckter, das breitere Ende allmählig in den Stiel übergehend, wenig gewölbt; zweites Abdominalsegment ähnlich wie bei der vorigen Gattung. Der Rest des Abdomens ziemlich gestreckt und gewölbt.

Die Gattung Eumenes ist über die ganze Erde verbreitet und zählt circa 120 Arten, von denen die meisten tropisch und subtropisch sind. Europa bewohnen circa ein Dutzend Arten, von denen eine bis zum 60. Breitegrad reicht. Die Eumenesarten bauen Nester aus Mörtel, die einzeln oder gruppenweise an Steine, Mauern u. dergl. befestigt sind. Die ♀ tragen Schmetterlings-, besonders Spannerraupen als Nahrung für ihre Larven ein.

Bestimmungstabelle der Arten.

♀. ♂.

1. Kopfschild unten bogenförmig abgerundet (♀), gerade abgestutzt (♂).   1. **E. arbustorum** Pz.
— Kopfschild unten mehr oder weniger ausgerandet . 2
2. Grosse Thiere; zweites Abdominalsegment mit rother Zeichnung.   2. **E. Unguiculus** Vill.
— Kleine Thiere, nirgends roth gezeichnet.
    3. **E. coarctatus** L.

Beschreibung der Arten.

1. Eumenes arbustorum Panzer.

E. arbustorum Pz. Fauna Germ. 63, 5. — Kriechb. Katters Entomolog. Nachrichten V. 1879 57. — André 624.
E. dimidiatus Brullé. Schenck 31.
E. Amedei Lep. II. 598. — Saussure I. 34; III 129.
E. Friwaldskyi Herrich-Schäfer. Fauna Germ. 179. 10.

♀ Länge: 18 mm.; — Flügelspannung: 30 mm.
♂ „ 15 „   „   25 „

Kopf-, Brust- und Hinterleibsstiel reichlich abstehend grau behaart. Kopfschild unten abgerundet. Kopf dicht runzlig punktirt, Thorax merklich länger als breit, Sculptur wie am Kopfe. Vorn in der Medianlinie des Mesonotums eine erhabene glänzende Längsleiste, die bis zur Mitte des Mesonotums reicht. Hinterleibsstiel am Ende mit deutlicher Längsfurche, ziemlich dicht, grob punktirt. Der Rest des Abdomens überaus kurz und dicht borstenförmig behaart, unter der Loupe daher matt

erscheinend. Flügel gelblich getrübt. Adern und Stigma hellbraun.
♀ schwarz mit hellgelben Zeichnungen, Kopfschild hellgelb mit schwarzem Punkt an der Basis. Fühlerschaft unten hellgelb; Geissel unten breit rostroth. Oberkiefer und Taster gelb bis rostroth. Am Kopf sind weiter gelb: ein Punkt zwischen den Fühlern, ein breiter Saum am innern Augenrand oberhalb dem Kopfschild und ein schmaler Streif hinter den Augen; am Thorax: ein breites Band vorn auf der Mitte des Prothorax, die Flügelschuppen, ein Fleck unter dem Flügelansatz, zwei getrennte Flecke auf dem Schildchen, ein Querband auf dem Hinterschildchen und zwei nierenförmige Flecke am Metathorax; am Hinterleibsstiel: zwei Flecke in der Mitte desselben, die beim ♂ hie und da fehlen und ein oben eingebuchtetes, seitlich ziemlich stark erweitertes Band am hintern Ende; am II. bis V., selten VI. Abdominalsegment eine regelmässige dorsale und eine doppelt ausbebuchtete ventrale Binde; an der vordern Hälfte des II. Abdominalsegmentes ausserdem zwei getrennte dorsale Flecke, die mit zwei ähnlichen ventralen in Verbindung stehen; die letztern fliessen nur selten mit der Ventralbinde des II. Segmentes zusammen. — Hüften und Oberschenkel schwarz, erstere vorn hie und da gelb gefleckt, letztere an den Knieen mit mehr oder weniger reichlicher gelber Zeichnung. Kniee und Tibien gelb, Tarsen rostroth.

♂ zeigt völlig hellgelben Kopfschild und reichlichere helle Färbung an den Fühlern. Ventrale Flecke des II. Segmentes meist fehlend.

Das Nest dieser Art enthält vier bis sechs Kammern (vergl. Lucas, Ann. soc. ent. Franc. 1883, Bul. XCVII).

E. arbustorum Pz. findet sich in ganz Südeuropa und Algier; bei uns ist er auf die Südschweiz (Genf, Wallis, Tessin) beschränkt und ist daselbst sehr zerstreut, stellenweise aber in grösserer Zahl, steigt bis 1600 m. (Zermatt, Reculet, Alp Susillon im Val d'Anniviers), V—VII.

2. Eumenes Unguiculus Villers.

E. Unguiculus Villers. — Saussure III. 130. — André 635. Taf. XLI. 11.
E. coangustatus Rossi. — Herrich-Schäfer F. G. 179. 7. — Sauss. I. 34.
E. infundibuliformis Olivier.
E. Olivieri Lep. II. 596.
E. dumetorum Imhof. fasc. 148.

♀ Länge: 22—25 mm.; — Flügelspannung: 40—45 mm.
♂ „ 16—20 „ „ 35 „

Kopf und Brust reichlich abstehend, röthlich behaart. Kopfschild unten gerade abgestutzt (♀), seicht ausgerandet (♂). Sculptur an Kopf und Thorax wie bei der vorigen Art, Punkte nur etwas weniger dicht. Vorn auf dem Mesonotum eine Längsleiste wie bei Arbustorum. Hinterleibsstiel sehr spärlich und seicht punktirt, beim ♂ viel reichlicher, glänzend; dorsale Längsfurche sehr schwach ausgeprägt. Rest des Abdomens ungemein kurz und dicht borstenförmig behaart, unter der Loupe daher matt erscheinend. Flügel gelblich getrübt, besonders in der Humeral- und Radialzelle, Stigma hellbraun, Nerven etwas dunkler.

♀ schwarz mit orangegelben und rothen Zeichnungen. Oberlippe und Oberkiefer rostroth, ebenso die Unterseite der Fühlergeissel in mehr oder weniger grosser Ausdehnung. Kopfschild, Fleck zwischen den Fühlern, Unterseite des Fühlerschaftes, innerer Augenrand oft bis in die Tiefe der Augenausrandung, schmale Linie am hintern Augenrande gelb. Vorderer Theil des Prothorax gelb; hintere Partie desselben, sowie die Flügelschuppen, ein hie und da fehlender Fleck unter dem Flügelansatz, das Schildchen und Hinterschildchen, sowie die seitlichen Parthien des Metathorax rostroth. Hinterleibsstiel an der Basis sowie unterhalb schwarz; am hintern Rande roth mit ganz schmalem gelbem Endsaum. Am Hinterrande des II.—V. oder VI. Segmentes eine breite, gleichmässige dorsale und eine doppelt gebuchtete schmale ventrale gelbe Binde. Auf der Mitte des II. Segmentes seitlich zwei grosse rothe Flecke. Hüften und obere Parthie der Oberschenkel schwarz, der Rest der Beine roth, Tarsen braun.

♂ unterscheidet sich durch schlankere Form, hellere Färbung der Fühler, weit spärlichere rothe Zeichnung am Thorax und Abdomen, die meist durch schwarz ersetzt ist.

♂, besonders aber ♀ variiren sehr darin, dass ein Theil der rothen Zeichnung durch Gelb ersetzt ist und umgekehrt.

Das Nest von E. unguiculus Vill. ist ebenfalls mehrkammerig (conf.: Perris, Ann. soc. ent. Franc. 1849, p. 185).

E. unguiculus Vill. findet sich in ganz Südeuropa bis Russland, sowie in Aegypten. In der Südschweiz nicht selten, vereinzelt bis in die Nordschweiz (Basel, Aarburg). VI–VIII.

3. Eumenes coarctatus Linné.

E. coarctatus Linné. Fab. Panz. F. G. 63, 6. — Sauss. I. 31. — III. 129. — Schenck 30. — Thomson 35. — André 644.
E. pomiformis Rossi. Fab. Panz. F. G. 63. 7. — Lep. II. 600.
E. coronata Panz. F. G. 63. 12.

♀ Länge: 11–14 mm.; — Flügelspannung: 22 mm.
♂ „ 11 „ „ 18 „

Kopf, Thorax und Hinterleibsstiel dicht abstehend hellgrau behaart, zweites Abdominalsegment kürzer, mehr röthlich behaart. Kopfschild unten deutlich ausgerandet. Kopf dicht punktirt. Thorax fast kugelig, viel kürzer als bei den vorigen Arten, ebenfalls dicht punktirt. Mittellinie auf dem Mesonotum sehr schwach bis fehlend. Hinterleibsstiel gegen das Ende mit deutlicher Längsfurche, dicht, grob punktirt; II. Abdominalsegment zerstreut, seicht punktirt. Zwischenräume zwischen den Punkten sehr fein punktirt. Der Rest des Abdomens glänzend, unregelmässig punktirt. Flügel in der Humeral- und Radialzelle leicht angeraucht; Cubitalader hell-, die übrigen dunkelbraun.

Die Thiere variiren in ihrer Färbung ausserordentlich, so dass fast alle als gelb angeführten Theile auch schwarz gefärbt erscheinen können.

♀ schwarz und gelb gezeichnet. Kopfschild schwarz, meist aber mit mehr oder weniger gelber Zeichnung, hie und da auch ganz gelb. Oberkiefer schwarz, ebenso die Fühlergeissel. Gelb sind: am Kopfe: fast stets: Ein Punkt zwischen den Fühlern, eine schmale Linie am hintern Augenrand, meist auch die Unterseite des Fühlerschaftes und selten noch die untere Parthie des Augenausschnittes; am Thorax: regelmässig: die mittlere Parthie des Prothorax in mehr oder weniger grosser Ausdehnung, die Flügelschuppen und das Hinterschildchen; meist: ein Punkt unter dem Flügelansatz, das Schildchen und die Seiten des Metathorax; am Abdomen: regelmässig: eine meist schmale Binde am Ende des ersten Segmentes, eine weitere ziemlich breite, in der Mitte tief ausgeschnittene, am Ende des II. Segmentes, die sich auch auf die ventrale Seite erstreckt und auf der Mitte dieses Segmentes zwei seitliche Flecke von verschiedener Grösse; hie und da: zwei dorsale getrennte Flecke in der Mitte des I. Segmentes. Auf dem III.—V. Segmente schmale doppelt ausgebuchtete Binden, die hie und da seitlich abgekürzt sind, sich aber auch häufig auf die Bauchfläche erstrecken. Hüften schwarz, vorn hie und da gelb gefleckt. Oberschenkel schwarz, am Ende mehr oder weniger gelb bis röthlich; Schienen gelb, oft roth angelaufen, innen hie und da schwarz gestreift, Tarsen rothbraun.

♂ dem ♀ ähnlich, nur durchweg gröber punktirt, zeigt ganz gelben Kopfschild, der mit silberglänzenden kurzen Häärchen bedeckt ist. Letztes Fühlerglied rostroth, ebenso meist die Unterseite der paar letzten Glieder.

Als eigene Arten wurden folgende Formen beschrieben, die aber, da sie stets Uebergänge zur Stammform zeigen, als Varietäten zu betrachten sind:

E. pomiformis Rossi. Sauss. I. 29; III. 128. — Schenck 29. — André 640. — II. Abdominalsegment ziemlich dicht und tief punktirt, unbehaart oder höchstens mit ganz kurzer liegender Behaarung. Färbung wie bei der Stammform.

E. mediterraneus Kriechb. 85. André 638. — Endbinde des II. Ventralsegmentes halbkreisförmig nach vorn erweitert, so dass ⅔ des Segmentes gelb erscheinen.

E. bimaculatus André 645. Mesothorax mit zwei länglichen gelben Punkten vor und innen vom Flügelansatz.

<small>Diese Art baut einkammerige Nester und fixirt dieselben an Mauern oder Pflanzenstengeln und dergl. Die Mutter trägt 4—5 grüne Spannerraupen ein.

E. coarctatus findet sich durch ganz Mitteleuropa bis Schweden, Mittel-Asien und Nordafrika. Die Stammform ist in der Südschweiz überaus häufig, in der Nordschweiz nicht selten, steigt bis 2000 m. (Alp Ponchette im Val Annivier.) Im Norden und in den höhern Lagen herrschen die dunklern Varietäten vor. Pomiformis und mediterraneus gehören mehr der Südschweiz an. V—VIII.</small>

Gattung V. **Odynerus** Latr.

Oberkiefer lang, deutlich mit stumpfen Zähnen versehen, auf der Aussenseite längsgerichtete Kämme und Gruben. Oberkiefer meist übereinander gekreuzt oder schnabelförmig aneinander liegend. Kiefertaster 6 gliedrig; Lippentaster 4 gliedrig, kürzer als die zweilappige Zunge; die Glieder schmal, nicht gefiedert.

Kopf variabel; Thorax vorn an den Seiten winkelig oder auch abgerundet. Metathorax hinten fast senkrecht abfallend. Diese Partié, die Concavität des Metathorax, ist seitlich von einer scharfen Kante begrenzt oder abgerundet.

Der meist ganz kurze Hinterleibsstiel verbreitet sich entweder plötzlich zur vollen Breite des Segmentes oder allmählig, so dass das erste Segment glockenförmig erscheint. Die Stelle, wo das erste Segment annähernd seine volle Breite erreicht, trägt häufig auf der Dorsalseite einen quer verlaufenden schwieligen Kamm. Diejenige Parthie des I. Segmentes, welche hinter dieser Quernaht oder deren Stelle sich befindet, wird Hinterstiel, Postpetiolus genannt. Das II. Segment ist mit seiner ganzen Breite dem I. Segmente eingefügt. Es trägt an seiner Ventralseite unweit der Basis eine breite, querverlaufende Furche, die Basalfurche, die von mehr oder weniger zahlreichen längsgerichteten Rippen durchsetzt ist.

Diese überaus artenreiche Gattung ist über die ganze Erde verbreitet. André giebt die Zahl der europäischen Arten auf 150 an.

Das Studium der Gattung Odynerus stösst auf bedeutende Schwierigkeiten, indem Grösse und Zeichnung besonders bei einzelnen Arten überaus wechselt. Wenn auch die Merkmale bei dem ♀ noch ziemlich sicher sind, so können doch die ♂ oft kaum auseinander gehalten werden, was übrigens auch bei andern Familien der Hymenoptera der Fall ist (Scolia, Ameisen u. a. m.)

Schon Wesmael und nach ihm Saussure und Andere haben die Gattung Odynerus in mehrere Untergattungen getheilt.

Bestimmungstabelle der Untergattungen.

1. Auf der Mitte des Segmentes I eine dorsale Quernaht (bei Sym. murarius L. undeutlich); Concavität des Metathorax gerandet. 2
— Auf der Mitte des Segmentes I keine Quernaht . . 3
2. Segment I auf dem Dorsum mit einer tiefen und und breiten Längsfurche. Vordere Parthie des I. Segmentes ein deutliches Stielchen bildend; Fühler des ♂ einfach.   Subg. **Symmorphus** Wesm.
— Segment I ohne Längsfurche. Vordere Parthie des I. Segmentes nicht in Form eines Stielchens; an den Fühlern des ♂ das vorletzte Glied sehr verkürzt, das letzte sehr verdünnt und zurückgeschlagen.

     Subg. **Ancistrocerus** Wesm.

3. Concavität des Metathorax scharf gerandet, mit spitzer vorspringender Ecke seitlich in der Mitte des Randes (Fig. 14 a.), oder wenigstens die Seiten des Metathorax scharfkantig; Fühler des ♂ wie bei Ancistrocerus.   Subg. **Lionotus** Sauss.
— Concavität seitlich abgerundet, ohne Rand . . . 4
4. Schildchen ungefähr so breit als lang. Sehr kleine Thiere, meist mit nur zwei weisslichen Binden auf dem Abdomen; Fühler des ♂ wie bei Ancistrocerus.

     Subg. **Microdynerus** Thomson.
— Schildchen viel breiter als lang. Grössere Thiere mit mehreren meist gelben Abdominalbinden. Die letzten Fühlerglieder beim ♂ spiralförmig umgerollt, das letzte plattgedrückt und zurückgeschlagen.

     Subg. **Hoplomerus** Westw.

Anmerkung. Morawitz theilt das Genus Odynerus unter Zuzug des nahe verwandten Genus Pterochilus Klug. in drei Gruppen ein:

I. Gruppe: Fühler des ♂ einfach.   Protodynerus Sauss. Symmorphus Wesm.

II. Gruppe: Endglied der Fühler des ♂ verdünnt und hakenförmig umgebogen.   Odynerus Mor.
   A. Basis des I. Segmentes mit einer Quernaht. Sub. Ancistrocerus Wesm.
   B. Basis des I. Segmentes ohne Quernaht. Subg. Lionotus Sauss. plus Microdynerus Thoms.

III. Gruppe: Endglied der Fühler beim ♂ spiralförmig umgerollt.
  A. Lippentaster 4gliedrig, nicht bewimpert. Subg. Hoplomerus Westw.
  B. Lippentaster dreigliedrig, bei den ♀ beiderseits mit langen Wimperhaaren federartig besetzt: Subg. Pterochilus Klug.

I. Untergattung
Symmorphus Wesm. Sauss.[1] Schenck.

Protodynerus Sauss. Mor.
Odynerus Thomson.
Gruppe I. André.

Die Fühler des ♂ sind einfach, an der Unterseite der vier bis fünf letzten Glieder eine erhabene, meist röthlich gefärbte Längsleiste. Der Thorax ist deutlich länger als breit. Die Concavität des Metathorax ist von einem scharfen Rande umgeben; das Mesonotum ist sparsam mit grössern, oberflächlichen Punkten versehen; die Zwischenräume derselben sind bedeutend grösser als diese und entweder äusserst fein punktirt oder sehr fein lederartig gerunzelt. Der Hinterleib ist spindelförmig, das erste Segment mit verdicktem, wulstigem Endrande, einer Längsfurche und meist mit einer deutlichen Quernaht, entweder grob punktirt und gerunzelt oder nur fein und zerstreut punktirt; die Ventralseite des II. Segmentes ist nach vorn ziemlich abschüssig; die Querfurche zeigt starke und lange Rippen; die Dorsalseite ist häufig äusserst fein, oft kaum sichtbar gerunzelt und nur um die Basis herum deutlich entweder punktirt oder längsrunzelig.

Die Unterscheidung der Arten dieser Untergattung stützt sich in erster Linie auf die Form des Prothorax, ob derselbe Dornen trage oder unbewehrt sei, im Fernern auf die Structur und Sculptur des Postpetiolus. Beim ♂ kommt überdies noch die relative Länge des letzten Fühlergliedes in Betracht, während die Genitalanhänge bei den verwandten Arten allzu gleichförmig sind, um sichere Merkmale abgeben zu können.

Diese Untergattung umfasst circa 16 Arten, die fast ausnahmslos den nördlichen Gegenden von Europa und Amerika angehören.

Bestimmungstabelle der Arten.
♀.

1. Prothorax gerandet oder abgerundet, jedenfalls nicht in eine Dornspitze auslaufend. 9—13 mm. 2
— Prothorax seitlich in eine Dornspitze auslaufend. 6—8 mm. 4

---

[1] Der Wesmael'sche Name wurde von Saussure selbst in seiner Synopsis of American Wasps. Wash. 1875, pag. 151 wieder eingeführt.

2. Scheitel hinter den Ocellen mit zwei grossen, scharf begrenzten, dicht behaarten Gruben. Kopf hinter den Augen etwas verbreitert; Concavität des Metathorax deutlich diagonal gerunzelt. Quernaht des Postpetiolus undeutlich, dieser daher nach vorn nicht scharf abgegrenzt. Dem Thorax zugekehrte Parthie des 1. Abdominalsegmentes fast matt, punktirt.
 1. **O. murarius L.**
— Behaarte Grübchen hinter den Ocellen klein, punktförmig oder ganz fehlend. Quernaht des I. Segmentes deutlich 3
3. Postpetiolus kürzer als an der Nahtstelle breit. Kopfschild, Prothorax und Schildchen, sowie Segment I.—V. gelb gezeichnet. 2. **O. crassicornis Panz.**
— Postpetiolus so lang oder länger als an der Nahtstelle breit. Kopfschild, Fühlerschaft, Prothorax und meistens auch das Schildchen ganz schwarz. Am Abdomen Segment I und II mit schmaler, gelber Binde. 3. **O. allobrogus Sauss.**
4. Thorax schwarz, fast doppelt so lang als über den Flügelschuppen breit. Seiten des Mesothorax (Mesopleuren) fast punktlos, stark glänzend. Postpetiolus im Profil gesehen oben schwach gleichmässig gewölbt, kaum länger als an der Nahtstelle breit. Abdomen mit zwei schmalen hellgelben Binden. 7—8 mm. 6. **O. bifasciatus L.**
— Prothorax und Schildchen gelb gefleckt. Thorax 1½ mal so lang als breit, Mesopleuren punktirt. Abdomen mit drei bis fünf gelben Binden . . . 5
5. Segment I—V mit ziemlich breiten Binden. Am Pronotum seitlich gelbe Flecken, die sich bis auf die Dornspitzchen erstrecken. Postpetiolus im Profil gesehen oberhalb fast flach, nicht länger als an der Nahtstelle breit, mässig dicht und mässig grob punktirt. 9—12 mm. 4. **O. elegans Wesm.**
— Segment I, II und IV, selten auch III mit schmaler gelber Binde. Die gelben Flecke des Pronotums erstrecken sich nicht auf die Dornspitzchen. Oberfläche des Postpetiolus von der Seite gesehen in der vordern Parthie stark gewölbt. Postpetiolus beinahe doppelt so lang als an der Nahtstelle breit, sehr dicht und grob runzlig punktirt. 8—9 mm.
 5. **O. sinuatus Fab.**

♂.

Prothorax gerandet oder abgerundet, jedenfalls nicht
in eine Dornspitze auslaufend. 8—12 mm. . . . 2
— Prothorax seitlich in eine Dornspitze auslaufend.
6—9 mm. 4
2. Abdomen mit nur zwei gelben Binden. Fühlerschaft
schwarz. Thorax schwarz. Quernaht des I. Segmentes deutlich. Postpetiolus so lang oder länger
als an der Nahtstelle breit. 8 mm.
          3. O. allobrogus Sauss.

— Abdomen mit mehr als zwei gelben Binden; Fühlerschaft und Thorax meist gelb gezeichnet. 10—12 mm. 3
3. Concavität des Metathorax deutlich diagonal gerunzelt. Quernaht des Postpetiolus undeutlich; dieser
daher nach vorn nicht scharf abgegrenzt; dem Thorax zugekehrte Parthie des I. Abdominalsegmentes
fast matt, punktirt. Letztes Fühlerglied fast doppelt
so lang als breit. (Fig. 4.)   1. O. murarius L.

— Concavität des Metathorax fast glatt, stark glänzend.
Quernaht des I. Segmentes deutlich. Dem Thorax
zugekehrte Parthie dieses Segmentes nur seitlich
punktirt, in der Mitte glatt, sehr glänzend. Letztes
Fühlerglied kaum länger als breit. (Fig. 5.)
          2. O. crassicornis Pz.

4. Fühlerschaft vorn gelb. Abdomen mit 6—5 gelben
Binden. Concavität des Metathorax kaum gerandet,
deutlich diagonal gerunzelt. 4. O. elegans Wesm.

— Fühlerschaft vorn schwarz. Abdomen mit 3—2
gelben Binden. Concavität des Metathorax deutlich
gerandet, fast glatt, sehr glänzend 5
5. Postpetiolus im Profil gesehen hart hinter der Quernaht stark gewölbt, fast doppelt so lang als an der
Nahtstelle breit, grob runzlig punktirt. Seiten des
Mesothorax (Mesopleuren) punktirt. Letztes Fühlerglied deutlich länger als breit. 5. O. sinuatus Fab.

— Postpetiolus im Profil gesehen oben fast flach, kaum
länger als an der Nahtstelle breit, viel weniger grob,
nicht runzlig punktirt. Mesopleuren fast ganz glatt.
Letztes Fühlerglied deutlich breiter als lang.
          6. O. bifasciatus L.

Beschreibung der Arten.
1. Odynerus murarius L.

O. murarius L. — Sauss. III. 188. Taf. X. 1. — Wesm. Suppl. II. 1837. — Schenck 40. — Mor. I. 3. Anm. — Thomson 81. — André 655.
Länge: ♀ 11—15 mm.; ♂ 10—12 mm.

Das ganze Thier, besonders an Kopf und Thorax abstehend röthlich grau behaart. Kopf schmäler als der Thorax, hinter den Augen etwas verbreitert. Kopfschild bei ♀ und ♂ viel breiter als lang, unten breit aber nicht tief ausgerandet. Spitzen neben der Ausrandung kurz, stumpf, wie der Rand des Ausschnittes selbst, dick. Hinter den Ocellen beim ♀ zwei ziemlich grosse und tiefe, scharf begrenzte Gruben, die dicht mit dunkelbraunen borstigen Haaren besetzt sind. Kopf zerstreut, ziemlich tief punktirt. Thorax 1½ mal so lang als über den Flügelschuppen breit. Prothoraxecken abgerundet. Mesothorax sehr zerstreut, mässig tief punktirt. Zwischenräume der Punkte fein punktirt. Schildchen mit deutlicher Längsfurche in der Mitte, etwas dichter punktirt als der Mesothorax. Hinterschildchen und Metathorax sehr grob runzlig punktirt. Concavität des Metathorax nur schwach gerandet, matt, grob diagonal gerunzelt. Segment I des Abdomens sehr grob, runzlig punktirt, gegen den Endrand sind die Punkte etwas weniger dicht. Die vordere, dem Thorax zugekehrte Parthie des Segmentes fast matt, punktirt, bildet mit dem Postpetiolus einen viel stumpfern Winkel als bei der folgenden Art. Quernaht undeutlich und unregelmässig, den Postpetiolus nach vorn nicht scharf begrenzend; der letztere daher relativ lang erscheinend. Hinter der Quernaht eine querverlaufende Reihe vertiefter Punkte. Längsfurche sehr deutlich und tief. Die übrigen Segmente gegen den Endrand hin äusserst fein runzlig punktirt, dazwischen zerstreute, seichte, gröbere Punkte. Auf der Mitte des Segmentes II—V gegen den Endrand hin ein vertiefter Punkt. Flügel in der Humeral- und Radialzelle bernsteingelb angelaufen. II. Cubitalzelle nach vorn stark verschmälert. Stigma und Nerven braun.

♀ schwarz mit gelben Zeichnungen. Am Kopf sind gelb: die obere Parthie des Kopfschildes, ein Punkt zwischen den Fühlern, ein sehr kleiner am hintern Augenrande und fast stets auch die Unterseite des Fühlerschaftes; am Thorax sind gelb: zwei grosse, getrennte, trapezförmige Flecke seitlich auf dem Pronotum, ein Fleck unter dem Flügelansatz, zwei oft sehr kleine Flecke auf dem Schildchen und die Flügelschuppen. Abdomen mit vier bis fünf vorn mehrfach ausgebuchteten gelben

Binden, deren II. auf den Seiten oft nach vorne vorgezogen,
deren letzte seitlich abgekürzt ist; auf der Ventralseite ein
bis drei schmale Binden. Hüften und obere Parthie der Schenkel
schwarz. Erstere vorn gelb gefleckt. Untere Parthie der Oberschenkel, Tibien und Tarsen gelb, letztere etwas dunkler.
Tibien auf der Hinterseite hie und da schwarz oder braun gestreift.

♂ dem ♀ ähnlich. Behaarte Gruben am Hinterkopf
fehlen. Das letzte Fühlerglied kegelförmig, doppelt so lang
als breit. (Fig. 4.) Kopfschild, Oberlippe, Aussenseite der Kiefer
gelb; Schildchen, sowie die Flügelschuppen hie und da ganz
schwarz.

Diese Art variiert sehr in der Färbung. Die Stücke mit
unten gelb gestreiftem Fühlerschaft und breiten gelben Abdominalbinden, beschreibt Saussure als O. nidulator. III. 189. —
Schenck 40. — Mor. 3. Anm. — André 656.

O. murarius L. unterscheidet sich von crassicornis Pz., dem er in der
Grösse und Färbung, sowie in der Form des Prothorax nahe steht, durch
die Form des Kopfes (bei crassicornis hinter den Augen nicht erweitert) durch
das Vorhandensein tiefer behaarter Gruben hinter den Ocellen, (bei crassicornis
klein und punktförmig), durch die Form des Kopfschildes, (bei crassicornis
tief ausgerandet, am untern Ende lamellenartig verdünnt und zwei scharfe
nach vorn gerichtete Enddornen tragend), durch die Sculptur der Concavität
des Metathorax und der Vorderseite des I. Abdominalsegmentes, (bei crassicornis glänzend, viel weniger sculpturirt), und durch die Quernaht auf dem
I. Segmente, (bei crassicornis sehr deutlich). Ueberdies ist die Flugzeit von
murarius früher als diejenige von crassicornis.

Nistet in der Erde und legt zierliche trichterförmige Gallerien an vor
dem Eingange des Nestes.

Kommt in ganz Europa vor, fehlt jedoch wohl im Süden. Die Stammform gehört mehr dem Norden an und ist bei uns recht selten, die hellere
Form, nidulator Sauss. dagegen, zerstreut, aber nicht gerade selten. Nord-
und Südschweiz, steigt bis 1200 m. (Gadmen, wo sie häufig ist.) (Steck.)
V—VII.

2. Odynerus crassicornis Pz.

O. crassicornis Pz. F. G. Fasc. 53. 9. — Sauss. III. 187. Taf. X. 2. — Schck. 89. —
Mor. I. 3. — Thomson 84. — André 660.
Länge: ♀ 12—14 mm.; ♂ 10 mm.

Behaarung ähnlich, aber kürzer und flaumiger als bei
der vorigen Art. Kopf nur wenig schmäler als der Thorax,
hinter den Augen nicht verbreitert. Kopfschild bei ♀ und ♂
deutlich breiter als lang, doch relativ länger als bei der vorigen
Art, unten breit, mässig tief ausgerandet, Spitzen neben der
Ausrandung dornartig, scharf, fast winklig abstehend, nach vorn
gerichtet. Rand des Kopfschildes zwischen den Spitzen lamellenartig verdünnt. Hinter den Nebenaugen beim ♀ zwei ganz
kleine, nicht scharf begrenzte behaarte Grübchen Punktirung
des Kopfes wie bei murarius. Thorax $1^1/_2$ mal so lang als

breit. Prothoraxecken abgerundet. Metathorax und Schildchen ähnlich sculpturirt wie bei der vorigen Art, nur sind die kleinsten Punkte viel zahlreicher, diese Theile daher matter erscheinend. Hinterschildchen und Metathorax sehr grob runzlig punktirt. Concavität des letztern gerandet wie bei murarius, fast glatt, stark glänzend. Abdominalsegment I ziemlich regelmässig, sehr grob punktirt, Vorderfläche nur seitlich punktirt, in der Mitte glatt, glänzend, bildet mit dem Postpetiolus einen dem rechten sehr nahen Winkel. Postpetiolus nach vorn abgegrenzt durch eine scharfe, prominente Quernaht, am hintern Ende beinahe doppelt so breit als lang. Längsfurche deutlich, aber diffuser als bei murarius. Die übrigen Segmente wie bei der vorigen Art; der Eindruck nahe dem Endrande der Segmente sehr undeutlich. Flügel wie bei murarius. II. Cubitalzelle nach vorn jedoch weniger verschmälert.

♀ schwarz mit gelben Zeichnungen. Am Kopf sind gelb: die obere Parthie des Kopfschildes, ein Punkt zwischen den Fühlern, je einer hinter jedem Auge und fast stets die Unterseite des Fühlerschaftes. Am Thorax sind gelb: zwei grosse getrennte Flecke auf dem Pronotum, ein grosser Fleck unter dem Flügelansatz, zwei auf dem Schildchen und die Flügelschuppen. Letztere fast stets mit braunem Fleck in der Mitte. Abdomen mit fünf bis sechs vorn gebuchteten gelben Binden, deren I. und II. seitlich meist erweitert sind, und deren letzte auf den Seiten abgekürzt ist; auf der ventralen Seite drei bis vier Binden, deren I. am breitesten und seitlich erweitert ist. Hüften und Oberschenkel bis fast zu den Knieen schwarz, erstere vorn hie und da gelb gefleckt. Unteres Ende der Oberschenkel und Tibien gelb. Die letztern an den beiden vordern Beinpaaren an der Hinterseite hie und da schwarz gestreift. Tarsen gelb, die äussern bräunlich.

♂ dem ♀ ähnlich; letztes Fühlerglied kurz, nicht länger als breit. (Fig. 5.) Kopfschild und Aussenseite der Oberkiefer gelb. Thorax mit viel spärlicherer gelber Zeichnung. Sechs Dorsal-, fünf Ventralbinden.

O. crassicornis Pz. variirt sehr in der Färbung, indem besonders beim ♂ die gelbe Farbe oft wesentlich reducirt ist und sich auf dem Kopfschild und eine Binde auf dem Segment II und IV beschränkt. Möglicherweise sind es diese dunkel gefärbten Exemplare, die Saussure (III 189) als O. arcticus beschrieb.

Diese Art baut in die Erde und verfertigt zierliche Trichter vor dem Eingange des Nestes. (Vergl. Réaumur Mém. p. s. à l'hist. des Ins. tom. VI. pag. 251 pl. 26.) Nach Lichtenstein (Ann. Soc. ent. Fr. 1874. Bull. LXXXVI) trägt sie Larven von Phytonomus variabilis Herbst ein. Sie nistet aber auch in dürrem Holze. Ja, Rudow beobachtete ein Nest in der Höhlung eines Bücherrückens. Das Nest enthält nach Rudow 8—13 Kammern.

O. crassicornis Pz. ist durch ganz Mittel- und Nordeuropa verbreitet, reicht nach André bis Turkestan und ist im Norden dunkler gefärbt. Bei uns mit der vorigen Art mässig häufig, vertical bis 2000 m. (Chandolin). Nord- und Südschweiz VII—IX.

3. Odynerus allobrogus Sauss.
O. allobrogus Sauss. III. 190. Taf. X. 4. — Schenck 44. — Mor. I. 3. Anm. — André 661.
O. bifasciatus Thoms. 88.

Länge: ♀ 10—12 mm.; ♂ 8 mm.

Behaarung spärlich und besonders am Thorax und Abdomen sehr kurz. Kopf fast so breit als der Thorax, ziemlich dicht und fein punktirt. Kopfschild am Rande dicht, in der Mitte spärlicher punktirt, um ein geringes breiter als lang, unten fast winklig, mässig tief ausgerandet; oberhalb der Ausrandung in der Längsrichtung eingedrückt. Neben der Ausrandung zwei schlanke Spitzchen. Fühler leicht keulenförmig. Thorax beinahe doppelt so lang als breit, nach vorn und hinten stark verschmälert. Prothorax vorn gerandet; Ecken rechtwinklig, nicht in eine Dornspitze ausgezogen. Mesothorax und Schildchen mit feinen Punkten dicht besetzt, die gröbern, sehr spärlichen sind auf die vordere Parthie des Mesonotums beschränkt. Hinterschildchen geneigt, oben grobrunzlig, hinten glatt, stark glänzend. Concavität des Metathorax klein, fast glatt, stark glänzend, von einem vorspringenden runzligen unten scharfen Rande umgeben; die Seiten des Metathorax springen zu einer scharfen Kante vor. Postpetiolus nach vorn stark verschmälert, so lang als am vordern Ende breit. Quernaht sehr deutlich. Vordere dem Thorax zugewendete Fläche des Segmentes äusserst fein punktirt, glänzend. Postpetiolus von grossen flachen Punkten dicht besetzt, nicht gerunzelt. Längsfurche breit und deutlich, mässig tief. Das II. Segment an der Basis ziemlich grob runzlig punktirt, der Rest des Abdomens äusserst fein punktirt, stark glänzend. Flügel besonders am Vorderrande bräunlich getrübt, schwach violett schimmernd.

♀ schwarz mit gelben Zeichnungen. Kopf schwarz, bis auf zwei kleine Flecke hinter den Augen und zwei häufig fehlende ebenfalls ganz kleine zwischen den Fühlern. Thorax meist ganz schwarz, sehr selten auf dem Schildchen gelb gezeichnet. Abdomen mit zwei schmalen gelben Binden, I. auf den Seiten etwas erweitert, II. über den Bauch fortgesetzt. Beine schwarz; Kniee, Vorderseite der Vordertibien und Tarsen braun.

♂ dem ♀ ähnlich; letztes Fühlerglied kürzer als breit. Prothoraxecken leicht dornartig vorspringend. Thorax dichter punktirt als beim ♀. Kopfschild oben schwarz gesäumt, sonst gelb. Aussenseite der Oberkiefer gelb. An der Unterseite des

Fühlerschaftes am Grunde hie und da ein gelber Fleck. Metatarsus und Vorderseite der Vordertibien gelb.

O. allobrogus unterscheidet sich von den verwandten schweizerischen Arten durch die Grösse und Färbung und den unbewehrten Prothorax. Diese Art nistet in dürrem Holz. Verbreitet durch Mittel- und Nordeuropa. In der Ebene selten. In den Alpen, hauptsächlich 1000–1400 m. (Rigi, Saasthal, Gadmen) und im Norden (Morawitz) stellenweise häufig bis sehr häufig. VI—VII.

Anm. Zu den Arten mit unbewehrtem Prothorax gehören noch zwei weitere Arten, die bis jetzt noch nicht in der Schweiz gefunden worden sind.

O. Suecicus Sauss. III. 190. Taf. X. 3. — Schenck 45. — André 661. — (Nach André = laeviventris Thomson 86.) Aehnlich allobrogus Sauss., aber grösser. Prothorax gelb gezeichnet. Concavität des Metathorax gestreift. Seiten des Metathorax nicht kantig vorspringend. Postpetiolus fein punktirt, glänzend, relativ viel kürzer als bei allobrogus. Quernaht in der Mitte des Segmentes liegend (bei allobrogus um ein bedeutendes vor der Mitte). Auf dem I., II. und IV. Abdominalsegment eine gelbe Binde. — Schweden.

O. Herrichianus Sauss. III. 191. — Schenck 40. — André 661. — Mit elegans Wesm. fast ganz übereinstimmend, von demselben hauptsächlich verschieden durch den unbewehrten Thorax. — Deutschland.

4. Odynerus elegans Wesm.

O. elegans Wesm. 43. — Lep. II. 664. — Herrich Schäfer F. Gen. 154. 17. — Sauss. I. 125. III. 195. — Schck. 40. — Thomson 90. — André 657. O. gracilis Brullé. — Sauss. I. 124.

Länge: ♀ 9–12 mm.; — ♂ 8–9 mm.

Kopf und Thorax kurz abstehend grau-braun behaart. Kopf so breit als der Thorax, dicht punktirt. Kopfschild besonders seitlich und unten dicht punktirt, nach unten verdünnt, mässig tief ausgerandet, mit stumpfen Dörnchen neben der Ausrandung. Thorax anderthalb mal so lang als über den Flügelschuppen breit. Seitendörnchen des Prothorax sehr stark entwickelt, Mesonotum und Schildchen dicht regelmässig punktirt. Hinterschildchen gewölbt, sehr grob runzlig punktirt. Concavität des Metathorax sehr schwach gerandet, ziemlich glänzend, grob diagonal gerunzelt. Postpetiolus so lang als an der Nahtstelle breit, beim ♂ eher etwas kürzer, nicht sehr grob punktirt. Quernaht stark vorspringend. Längsfurche breit und tief. II. Segment an der Basis ziemlich grob punktirt; der Rest des Abdomens trägt zerstreute seichte Punkte, deren Zwischenräume sehr fein gerunzelt sind. Flügel bräunlich getrübt iridisirend.

♀ schwarz mit gelben Zeichnungen. Obere Hälfte des Kopfschildes, die Unterseite des Fühlerschaftes, ein Fleck zwischen den Fühlern und je einer hinter jedem Auge gelb. Am Thorax zwei grosse Flecke auf dem Pronotum mit Einschluss der Dornspitzchen, je ein grosser Fleck unter dem Flügelansatz, zwei Flecke auf dem Schildchen gelb. Flügelschuppen gelb mit

braunem Mittelfleck. Fünf Abdominalbinden, deren I. sehr breit und in der Mitte gebuchtet, deren II. ebenfalls breit und seitlich etwas nach vorne vorgezogen ist; drei bis vier ventrale Binden. Beine schwarz. Kniee, Schienen und Tarsen gelb, Schienen auf der Hinterseite schwarz gestreift. Endtarsen bräunlich.
♂ dem ♀ ähnlich. Letztes Fühlerglied länger als breit, schwach gebogen. Mesonotum etwas spärlicher, Postpetiolus dichter und gröber punktirt als beim ♀. Kopfschild gelb, meist schmal schwarz gesäumt. Gelbe Flecke des Prothorax kleiner, diejenigen des Schildchens oft fehlend. Fünf bis sechs dorsale, eine bis fünf ventrale Binden. Binde des Postpetiolus meist weniger breit als bei ♀.

O. elegans Wesm. unterscheidet sich von den bisherigen Arten durch die Grösse und das bewehrte Pronotum, von den nachfolgenden durch die Grösse und die Färbung. Von sinuatus F., mit dem er einzig verwechselt werden könnte, ausserdem noch durch die Structur des Postscutellum und Metathorax und die Structur und Sculptur des Postpetiolus.

Ueber den Nesthau ist mir nichts bekannt.

Mittel- und Nordeuropa bei Mittelschweden. In der Schweiz mässig häufig, mehr in der Ebene, steigt bis 1200 m. VI. VII.

5. Odynerus sinuatus Fab.

O. sinuatus Fab. — Sauss. III. 192. — Schenck. 41. — André 657.
O. bifasciatus Wesmael 45. — Lep. II. 665.
O. angustatus Zett. — Thomson. 92.

Länge: ♀ 8–9 mm.; ♂ 7 mm.

Kopf kurz abstehend, grau behaart; Thorax und Abdomen mit ganz kurzen liegenden Häärchen bedeckt. Kopf so breit als der Thorax, dicht, ziemlich grob punktirt. Kopfschild bei ♀ und ♂ breiter als lang, ziemlich stark gewölbt, unten breit, ziemlich flach ausgerandet mit scharfen Dornspitzchen neben der Ausrandung. Kopfschild ziemlich dicht punktirt, nach unten zu grobrunzlig. Rand in der Ausrandung verdünnt. Thorax anderthalb mal so lang als breit. Prothorax gerandet mit mässig langen und scharfen Ecken auf den Seiten. Mesonotum von feinen und gröbern Punkten ziemlich dicht, unregelmässig bedeckt. Schildchen glänzend, trägt feine Punkte und dazwischen vereinzelt gröbere. Beim ♂ sind diese Theile sehr viel dichter punktirt, besonders auch das Schildchen. Seiten des Mesothorax (Mesopleuren) mässig glänzend, ziemlich reichlich punktirt. Hinterschildchen oben scharfkantig, in der Mitte leicht vertieft, so dass zwei seitliche Höcker entstehen. Abschüssige Parthie oben grobrunzlig, unten glänzend. Concavität des Metathorax von einem scharfen, überall ziemlich gleich hohen Rande umgeben, glänzend, undeutlich diagonal runzlig. Postpetiolus nach vorn sehr verschmälert, in der vordern Parthie (von der Seite gesehen) oben stark gewölbt, beinahe doppelt so lang, als an der Nahtstelle breit, sehr dicht und grob runzlig punktirt. Quernaht deutlich, Längsfurche tief und breit, nach vorn zu undeutlich werdend. Basis des II. Segmentes ziemlich grob, Rest des Abdomen äusserst fein punktirt. Flügel ziemlich stark getrübt, iridisirend.

♀ schwarz mit gelben Zeichnungen. Ein Punkt zwischen den Fühlern, einer hinter jedem Auge und hie und da einer an der Basis des Kopfschildes gelb; der letztere hie und da doppelt, oder zu einem Querbande verbreitert. Am Thorax ein Fleck innerhalb der Ecken des Pronotum, einer unter dem Flügelansatz und zwei getrennte auf dem Schildchen gelb. Auf Segment I, II und IV eine vorn gebuchtete, seitlich etwas nach vorn erweiterte gelbe Binde, deren II. sich auch auf die ventrale Seite erstreckt. Hüften und Oberschenkel schwarz. Schienen und Tarsen gelb. Vorder- und Mittelschienen hinten schwarz gestreift. Endtarsen braun.

Var. Auf dem III. Segmente Andeutungen einer gelben Binde.

♂ dem ♀ sehr ähnlich; letztes Fühlerglied länger als breit. Thorax relativ kürzer als beim ♀. Prothoraxecken dornig. Kopfschild gelb, ringsum ziemlich breit schwarz gesäumt. Aussenseite der Oberkiefer gelb. Thorax schwarz, Hintertibien meist in der untern Parthie ganz schwarz oder wenigstens hinten schwarz gestreift.

Ueber die Unterschiede von der folgenden Art siehe daselbst.

Rudow zog diese Art aus hohlen Distelstengeln zugleich mit Hedychrum minutum Lep.

Findet sich in Mittel- und Nordeuropa bis zur Wolga. In der Schweiz nicht selten, aber eher vereinzelt, mehr im Flachland. VI.—X.

6. Odynerus bifasciatus L.

O. bifasciatus L. — Herrich Schäfer 154. 16. (?). — Sauss. III. 193. Taf. X. 5. — Schenck 42. — Mor. I. 4. — André 658.
O. debilitatus Sauss. III. 194. — Thoms. 92.

Länge: ♀ 7—8 mm.; ♂ 6—7 mm.

Das ganze Thier sehr gestreckt. Behaarung wie bei sinuatus. Kopf so breit als der Thorax, dicht, etwas unregelmässig punktirt. Kopfschild ähnlich wie bei der vorigen Art, nur ist die Ausrandung sehr flach, die Dornspitzchen stumpf, oft beinahe nicht ausgesprochen. Thorax $1^{3}/_{4}$ mal so lang als breit. Prothoraxecken viel schärfer als bei sinuatus. Mesonotum und Schildchen bei ♀ und ♂ sehr dicht mit ganz feinen Punkten besetzt und dazwischen zerstreut einzelne grobe. Seiten des Mesothorax (Mesopleuren) sehr glänzend, fast punktlos. Hinterschildchen und Metathorax wie bei der vorigen Art. Postpetiolus im Profil gesehen oben schwach regelmässig gewölbt, kaum länger als an der Nahtstelle breit, mässig dicht regelmässig grob punktirt. Zwischenräume von äusserst feinen Punkten dicht besetzt. Quernaht sehr scharf, stark über das Segment vorragend. Längsfurche tief, mässig breit, der ganzen Länge des Segmentes nach deutlich ausgeprägt. Auch die Basis des II. Segmentes grob punktirt; der Rest des Abdomen äusserst fein, dicht punktirt. Flügel leicht rauchig getrübt, besonders in der Radialzelle, iridisirend; Nerven und Stigma braun.

♀ Kopf und Thorax mit Ausnahme eines Fleckes zwischen den Fühlern, eines sehr kleinen beiderseits hinter dem Auge und eines unter dem Flügelansatz ganz schwarz. (Kopfschild hie und da mit gelbem Fleck.) Segment I und II mit schmaler gelber Binde, deren II. über den Bauch fortgesetzt ist. Beine schwarz. Vordertibien, Basis der Hintertibien und I. Tarsenglied braungelb.

Var.: Auf dem IV. Segment Andeutungen einer gelben Binde.

♂ dem ☿ sehr ähnlich. Letztes Fühlerglied kaum länger als breit. Thorax relativ viel weniger gestreckt als beim ♀. Prothoraxecken schärfer. Aussenseite der Oberkiefer und Kopfschild gelb. Letzterer oben schwarz gesäumt. Thorax ganz schwarz.

Das ♀ unterscheidet sich von der vorhergehenden Art durch geringere Grösse, viel schlankeren Bau, besonders des Thorax, stärker entwickelte Seitendornen am Prothorax, andere Structur und Sculptur des Postpetiolus, andere Sculptur des Mesonotums, der Mesopleuren und des Schildchens und ausserdem durch die viel spärlichere Ausbreitung der gelben Farbe. Das ♂ überdies noch durch das relativ kürzere letzte Fühlerglied und den fast ganz gelben Kopfschild.

Rudow erzog diese Art aus hohlen Brombeerstengeln zugleich mit Elampus aeneus Pz.

O. bifasciatus findet sich in Mittel- und Nordeuropa bis zur Wolga, bei uns ungefähr so häufig wie die vorige Art; steigt bis zu 1200 m.; VI-VII.

Anm.: In diese Gruppe gehört noch *O. fuscipes* Herrich Schäfer F. G. 154. 18. — Sauss. III. 194. — Schenck 43. — André 658. — Derselbe ist am nächsten verwandt mit bifasciatus L., aber leicht zu erkennen an den weissen Binden. Mir ist diese Art, die sehr selten in Deutschland vorkommt, unbekannt.

II. Untergattung.

Ancistrocerus Wesm. Sauss. Mor. Thom.

Gruppe II. André.

Das Endglied der Fühler ist bei den ♂ verdünnt und hakenförmig umgebogen. Der Thorax ist meist nur wenig länger als breit. Die Concavität des Metathorax ist von einem scharfen Rande umgeben. Der Thorax ist dicht und grob punktirt; die Zwischenräume der Punkte so gross als diese selbst. Der Hinterleib ist kegelförmig. Das I. Abdominalsegment trägt eine, hie und da in der Mitte unterbrochene Quernaht, aber keine Längsfurche; das zweite ist entweder überall grob punktirt oder punktirt gerunzelt. Das II. Ventralsegment zeigt verschiedene Structur.

In dieser Untergattung erreicht die Schwierigkeit der Artenunterscheidung für das Genus Odynerus ihren Höhepunkt, um so mehr, als die ♂ in vielen Merkmalen überaus variabel sind. Als Hauptunterscheidungsmerkmal erscheint die Form des II. Ventralsegmentes, wodurch das Subgenus in drei Gruppen zerfällt. 1. die Gruppe d. A. callosus Thoms., wo das II. Ventralsegment im Profil gesehen in der Längsrichtung flach verläuft, vorn aber gegen die basale Querfurche steil abfällt (Fig. 6). 2. die Gruppe des A. parietinus L. wo das II. Ventralsegment in der Längsrichtung gewölbt ist und die 3. Gruppe d. A. parietum L., wo dieses Segment vollständig flach, ja sogar etwas concav ist. In die erste Gruppe gehört von schweizerischen Arten nur callosus Th. A. trimarginatus Zett. bildet den Uebergang zur II. Gruppe, welche ausserdem A. oviventris Wesm., parietinus L., Antilope Pz., und trifasciatus F. enthält. Die drei letzten sind überdies dadurch nahe verwandt, dass der Metathorax hinter dem Hinterschildchen noch eine kleine Strecke horizontal verläuft. Die letzte Art bildet wieder eine Art Uebergang zur dritten Gruppe. Die einzelnen Arten werden ausserdem unterschieden durch die relative Länge des Thorax und des Postpetiolus, die Form der Quernaht des I. Segmentes[1]), sowie durch die Färbung. Beim ♂ kommt überdies in Betracht die Form und die Ausrandung des Kopfschildes.

Diese Untergattung umfasst zahlreiche Arten, die hauptsächlich der palaearctischen und nearctischen Zone angehören. Die erstere bewohnen 21 Arten.

Bestimmungstabelle der Arten.

♀

1. II. Ventralsegment (im Profil gesehen) in der Längsrichtung flach, nach vorn gegen die Basalfurche fast senkrecht abfallend. (Fig. 6.)

            7. O. callosus Thoms.

— II. Ventralsegment gegen die Basalfurche nicht senkrecht, sondern höchstens allmählig abfallend . . . 2

---

[1]) A n m. Dieses Unterscheidungsmerkmal verdanken wir Morawitz (A. transitorius Hor. Soc. E. Ross. V. Sep. pag. 9), nämlich, ob die Quernaht des I. Abdominalsegmentes unterbrochen sei oder nicht. Doch scheinen die Thiere, besonders die ♂ in dieser Hinsicht sehr zu variiren Constant fand ich diese Unterbrechung (bei schweizerischen Arten) bei trimarginatus Zett. (9 ♀, 6 ♂); bei parietum L. jedoch findet sich eine kleine Anzahl, bei denen diese Unterbrechung nach und nach undeutlich wird und ganz verschwindet (s. daselbst) und bei callosus Thoms. einige, die eine Andeutung dieser Unterbrechung wahrnehmen lassen. Bei allen andern Arten ist auch nicht eine Andeutung von Unterbrechung vorhanden.

2. II. Ventralsegment in der Längsrichtung ziemlich
gleichmässig gewölbt. (Fig. 7.) 3
— II. Ventralsegment vollständig flach. Fühlerschaft
unten gelb gestreift. Auf dem Postpetiolus eine ziemlich breite, seitlich stark nach vorn erweiterte Binde.
Hinterschildchen meist gelb gefleckt. 13. **O. parietum** L.
3. Concavität des Metathorax sehr glänzend, glänzender
als der übrige Thorax, nur im obern Drittel runzlig punktirt, in den untern beinahe ganz glatt.
Rand der Concavität unterhalb der seitlichen Ecken
stärker als oberhalb, stark vorspringend. Grosse
Thiere. 13—15 mm. 11. **O. Antilope** Panz.
— Concavität nicht glänzender als der übrige Thorax,
gerunzelt, matt. Rand derselben unterhalb der seitlichen Ecken nicht stärker als oberhalb 4
4. Thorax kurz, kaum länger als über den Flügelschuppen breit. II. Ventralsegment nicht ganz gleichmässig
gewölbt, gegen die Basalfurche hin ziemlich steil, aber
nicht senkrecht abfallend. Fühlerschaft unten schwarz. 5
— Thorax relativ lang, mindestens 1½ mal so lang als
über den Flügelschuppen breit. II. Ventralsegment
ganz gleichmässig gewölbt 6
5. Grosse Thiere. Postpetiolus fast doppelt so breit als
lang. (Fig. 9.) Schildchen mit zwei gelben Flecken.
Abdomen mit fünf bis sechs gelben Binden. Oberschenkel des hintersten Beinpaares im untern Drittel
gelb bis rothgelb gefärbt. 9. **O. oriventris** Wesm.
— Kleinere Thiere. Länge des Postpetiolus mehr als
seine halbe Breite betragend. (Fig. 8.) Schildchen
schwarz. Abdomen mit drei schmalen, weisslich-gelben Binden. Oberschenkel des hintersten Beinpaares
bis zu den Knieen schwarz. Quernaht des Postpetiolus
in der Mitte unterbrochen. 8. **O. trimarginatus** Zett.
6. Grosse Thiere; 11—15 mm. Das Hinterschildchen
zeigt eine horizontale und eine abschüssige Parthie,
die in einem beinahe rechten Winkel zu einander
stehen. Postpetiolus fast 1½ mal so breit als lang.
Sechs gelbe Abdominalbinden. Fühlergeissel unten
roth. 10. **O. parietinus** L.
— Kleinere Thiere; 9—11 mm. Hinterschildchen gewölbt, nach hinten nicht senkrecht abfallend, geneigt.
Postpetiolus fast so lang als an der Nahtstelle breit.
(Fig. 10.) Drei bis vier gelbe Abdominalbinden. Fühlergeissel unten schwarz. 12. **O. trifasciatus** Fab.

♂

1. II. Ventralsegment (im Profil gesehen) hinter der Basalfurche in der Längsrichtung flach, beinahe concav. Kopfschild nicht breiter als hoch. Fühlergeissel unten der ganzen Länge nach rothgelb. Innerer Augensaum schmal gelb eingefasst. Thorax nicht viel länger als über den Flügelschuppen breit. Postpetiolus mehr als $1\frac{1}{2}$ mal so breit als lang.
13. O. parietum L.

— II. Ventralsegment (im Profil gesehen) hinter der Basalfurche in der Längsrichtung convex oder winklig 2

2. II. Ventralsegment in der hintern Parthie mehr oder weniger flach, nach vorn gegen die Basalfurche hin mehr oder weniger steil abfallend 3

— II. Ventralsegment der ganzen Länge nach gleichmässig gewölbt 5

3. Quernaht des I. Abdominalsegmentes mitten durch einen dreieckigen Ausschnitt unterbrochen. Postpetiolus nach vorn stark verschmälert, an der Nahtstelle $1\frac{1}{4}$ mal so breit als im Ganzen lang, ziemlich zerstreut, seicht punktirt. Kopfschild so breit als lang, unten sehr seicht ausgerandet. Am Pronotum eine sehr schmale, seitlich stark abgekürzte weisslich-gelbe Binde. Flügelschuppen schwarz. Abdomen mit drei weisslich-gelben, schmalen Binden.
8. O. trimarginatus Zett.

— Mehr als drei Abdominalbinden. Flügelschuppen mit gelbem Saum. Quernaht des I. Abdominalsegmentes nicht oder selten nur ganz andeutungsweise unterbrochen 4

4. Prothoraxecken dornig, scharf nach vorne vorgezogen. Pronotum schmal gelb gezeichnet. Kopfschild nicht breiter als hoch, unten flach ausgerandet (Fig. 11); sechs (seltener fünf) Abdominalbinden. von denen die erste seitlich oft unter rechtem Winkel nach vorn erweitert ist; fünf (seltener vier) Ventralbinden. Die Länge des Postpetiolus beträgt mehr als $\frac{2}{3}$ der Breite. II. Abdominalsegment zerstreut, ziemlich tief punktirt. Oberschenkel des letzten Beinpaares bis zu den Knieen schwarz.
7. O. callosus Thoms.

— Prothoraxecken dornig, aber nicht nach vorne, sondern nur seitlich ausgezogen. Pronotum ziemlich breit gelb gezeichnet. Kopfschild breiter als hoch, unten tief halbkreisförmig ausgerandet. (Fig. 12.) Sechs (selten fünf) Abdominalbinden, deren erste nie rechtwinklig nach vorn erweitert ist; ein bis zwei Ventralbinden. Die Länge des Postpetiolus beträgt kaum ²/₃ seiner Breite. II. Abdominalsegment zerstreut, seicht punktirt. Schenkel des letzten Beinpaares nur in den obern ²/₃ schwarz, im untern Drittel gelb.   **9. O. oriventris** Wesm.

5. Concavität des Metathorax sehr glänzend, glänzender als der übrige Thorax, nur im obern Drittel runzlig punktirt, unterhalb beinahe ganz glatt. Rand der Concavität unterhalb der Ecken stärker als oberhalb, stark vorspringend.   **11. O. Antilope** Pz.

— Concavität des Metathorax nicht glänzender als der übrige Thorax, gerunzelt, matt. Rand derselben unterhalb der Ecken nicht stärker als oberhalb . . 6

6. Grössere Thiere; 9—11 mm. Das Hinterschildchen zeigt eine horizontale und eine abschüssige Parthie, die in einem beinahe rechten Winkel zu einander stehen. Der innere Augenrand oberhalb dem Kopfschild schwarz. Abdomen mit fünf bis sechs dorsalen und vier bis fünf ventralen Binden.
    10. O. parietinus L.

— Kleinere Thiere; 6—9 mm. Hinterschildchen gewölbt; nach hinten nicht senkrecht abfallend, sondern geneigt. Der innere Augenrand oberhalb dem Kopfschild schmal gelb eingefasst. 3—4 dorsale und 1—2 ventrale gelbe Binden. **12. O. trifasciatus** Fab.

Beschreibung der Arten.

7. Odynerus callosus Thoms.

O. callosus Thoms. 61. — André 674.

♀ Länge: 9—12 mm. ♂ Länge: 8—10 mm.

Das ganze Thier reichlich abstehend hellbraun behaart, besonders an Kopf und Thorax. Kopf grob, aber dicht punktirt. Thorax nach vorn nur wenig verschmälert, anderthalb mal so lang als über den Flügelschuppen breit, ähnlich punktirt wie der Kopf, doch etwas weniger dicht, gegen das Schildchen hin mehr längsrunzlig. Ecken der Vorderbrust rechtwinklig, scharf, beim ♂ stark dornartig nach vorne vorgezogen, vordere Parthie des Hinterschildchens fast wagerecht, grob punktirt, plötzlich in die abschüssige Parthie abfallend. Concavität des Metathorax von innen oben nach unten aussen ziemlich regelmässig diagonal gestreift, ringsum von einem niedrigen aber scharfen Rande umgeben, der sich unterhalb der Mitte zu einer Spitze erhebt. Quernaht des I. Segmentes mässig scharf, zeigt in der Mitte hie und da die Andeutung einer Unterbrechung. Postpetiolus nach vorn nur sehr wenig verschmälert, 1½ mal so breit als lang, mässig dicht, aber ziemlich tief punktirt, besonders beim ♂. Zwischenräume der Punkte matt, fein runzlig punktirt. Sculptur der übrigen Segmente ebenso, Punkte jedoch spärlicher; letztes fein lederartig gerunzelt. Zweites Ventralsegment flach, unmittelbar vor der Basalfurche senkrecht gegen dieselbe abfallend. (Fig. 6.) Flügel in der Humeral- und Radialzelle stark angeraucht, violett schimmernd. Stigma pechbraun, Nerven schwarz.

♀ Kopfschild grob, längsrunzelig punktirt, vorn abgestutzt, kaum ausgerandet, schwarz oder mit 2—4 gelben Flecken. Oberkiefer schwarz, Spitze braun, Basis mit gelbem Fleck. Fühlerschaft unten gelb gestreift; Geissel unten schwarz, die 4—5 letzten Glieder fast stets unten röthlich. Zwischen den Fühlern und am hintern Augenrande ein gelber Fleck. Hie und da ein ebensolcher am innern Augenrande oberhalb dem Kopfschild. Prothorax vorn breit gelb eingefasst. Flügelschuppen gelb mit braunem Mittelfleck. Ein Fleck unter dem Flügelansatz, selten fehlend, 2 auf dem Schildchen, sehr selten fehlend, hie und da zwei auf dem Hinterschildchen gelb. Abdomen mit 5, sehr selten mit 4 dorsalen gelben Binden, deren erste ziemlich breit und seitlich in rechtem Winkel nach vorn verbreitert ist, so dass sie daselbst oft die ganze Breite des Segmentes einnimmt. II. Binde hie und da seitlich ebenfalls schwach, schief nach vorne vorgezogen. Auf der ventralen Seite 3, seltener 2 doppelt gebuchtete Binden. Oberschenkel, wenigstens am hintersten Beinpaare bis zu den Knieen schwarz. Kniee rostroth, Schienen gelb, auf der innern Seite schwarz gestreift, Tarsen röthlich.

♂ im Allgemeinen wie das ♀. Kopfschild spärlich punktirt, nicht breiter als hoch, unten breit, aber sehr wenig tief ausgerandet (Fig. 11), wie die Oberlippe gelb. Oberkiefer äusserlich gelb, schmal schwarz eingefasst. Fühlergeissel unten meist der ganzen Länge nach roth. Innerer Augenrand vom Kopfschild bis zur Augenausrandung schmal gelb gesäumt. Gelbe Zeichnung des Prothorax schmal; gelber Fleck unter dem Flügelansatz meist, diejenigen auf dem Schildchen häufig fehlend. Abdomen mit 6, seltener 5 dorsalen und 5, seltener 4 ventralen Binden. Alle Hüften vorn gelb. Oberschenkel des vordern Beinpaares vorn gelb. Schienen ganz gelb.

Var. ♀. ♂. Gelbe Binde des Postpetiolus nur durch einen seitlich mit der Binde verschmolzenen Punkt mässig erweitert.

Var. ♀. ♂. Binde des Postpetiolus seitlich röthlich.

O. callosus ♀ ist an der eigenthümlichen Structur des II. Ventralsegmentes leicht zu unterscheiden (vergl. Anmerkung). Das ♂ zeigt am meisten Aehnlichkeit mit oviventris Wesm. Die Hauptunterschiede sind in der Tabelle niedergelegt. Ausserdem ist bei

callosus	oviventris
die Fühlergeissel unten fast stets der ganzen Länge nach röthlich;	unten fast stets bis auf die allerletzten Glieder schwarz;
der Kopfschild unten seicht ausgerandet;	tief und breit ausgerandet;
der innere Augenrand fast ausnahmslos gelb gestreift.	fast ausnahmslos vollständig schwarz; sehr selten mit einem ganz kleinen gelben Punkte.

Von parietinus L. ♂ unterscheidet sich callosus ausser durch die Structur des II. Ventralsegmentes durch die relativ grössere Länge des Postpetiolus und die Form des Kopfschildes.

O. callosus nistet in trockenem Holz, unter Baumrinden u. dergl.

Diese Art findet sich im ganzen nördlichen Europa bis Süd-Schweden. In der Schweiz häufig und verbreitet, auch im Wallis; scheint nur mässig hoch zu steigen. III.—VIII.

Anm. Verwandt durch die Structur des II. Ventralsegmentes ist O. excisus Thoms. (Th. 64. — André 671), der sehr wohl auch der schweizerischen Fauna angehören könnte. Das ♀ unterscheidet sich durch den unten nicht abgestutzten, sondern fast winklig ausgerandeten Kopfschild, die unten der ganzen Länge nach rothe Fühlergeissel, das ♂ durch unten tief und breit ausgerandeten Kopfschild und eine tiefe Bucht zwischen I. und II. Zahn des Oberkiefers; von oviventris durch den relativ längern Postpetiolus und die bis zu den Knieen schwarz gefärbten Oberschenkel des hintersten Beinpaares.

8. Odynerus trimarginatus Zett.

O. trimarginatus Zett. Ins. Lapp. 456. 4. — Sauss. III. 212. Pl. X. 9. — Schenck 59 (?). — Thomson 67. — André 675 (?).
O. quadricinctus Herrich-Schäfer 173. 24; 176. Taf. 15.

Länge ♀ 8—12 mm.; — ♂ 7—9 mm.

Das ganze Thier von ziemlich gedrungener Gestalt, überall besonders aber am Kopf und Thorax abstehend graubraun behaart. Kopf so breit als der Thorax, so wie dieser in ähnlicher Weise sculpturirt wie bei callosus. Thorax nach vorn kaum verschmälert, nur wenig länger als über den Flügelschuppen breit. Prothorax vorn gerade abgestutzt, beim ♂ in schwach seitlich gerichtete Dorne auslaufend. Horizontale Parthie des Hinterschildchens ziemlich scharf von der abschüssigen abgesetzt. Erstere grob punktirt, in der Mitte eingedrückt; letztere matt, in der obern Hälfte grob punktirt, in der untern sehr fein nadelrissig. Concavität des Metathorax diagonal gestreift, matt, nur sehr schwach gerandet. Postpetiolus (von oben gesehen) nach vorn stark verschmälert, an der Nahtstelle circa 1¹/₄ mal so breit als lang (Fig. 8), zerstreut seicht punktirt. Quernaht stark vorspringend, in der Mitte durch einen tiefen dreieckigen Ausschnitt unterbrochen. II. Segment nach vorn stark verschmälert, vom I. seitlich deutlich abgesetzt. Die übrigen Segmente noch zerstreuter und seichter punktirt als das I. II. Ventralsegment in der hintern Parthie gleichmässig convex, gegen die Basalfurche hin steil, aber nicht senkrecht abfallend. Flügel wie bei der vorigen Art, nur etwas heller.

♀ schwarz mit weisslich-gelben Zeichnungen. Kopfschild stark gewölbt, längsrunzlig punktirt, an der Spitze sehr seicht ausgerandet, schwarz. Fühlerschaft schwarz. Ein Punkt zwischen den Fühlern und je ein kleiner hinter jedem Auge gelb. Thorax schwarz. Auf dem Pronotum eine schmale, seitlich beträchtlich abgekürzte gelblichweisse Binde. Flügelschuppen schwarz. Auf dem I., II. und III. Abdominalsegment eine schmale gelblichweisse Binde. I. meist in der Mitte am breitesten, seitlich schmäler werdend, nur sehr selten seitlich durch einen mit der Binde verschmolzenen Punkt erweitert. II. breiter als die erste, auf die Bauchfläche fortgesetzt. Oberschenkel bis zu den Knieen schwarz; letztere, sowie die Schienen und Tarsen röthlich bis bräunlich. Schienen des vordern und mittleren Beinpaares auf der hintern Seite mit schwarzem Fleck.

♂ dem ♀ ähnlich. Kopfschild kaum länger als breit, unten wenig breit und wenig tief ausgerandet, wie der Oberkiefer und die Oberlippe gelb. Fühlerschaft unten gelb gestreift. An der Geissel nur die allerletzten Glieder unten röthlich. Innerer Augenrand schwarz, sehr selten mit ganz kurzem und schmalem gelbem Saum. Zeichnung von Thorax und Abdomen wie beim ♀, ebenso die der Beine. Hüften schwarz. Tibien nicht schwarz gestreift.

O. trimarginatus Zett. steht in der Form des II. Ventralsegmentes zwischen callosus und oviventris, unterscheidet sich aber von beiden leicht durch die breit dreieckig unterbrochene Quernaht des I. Segmentes. Er ist ausserdem kenntlich an den drei weisslich-gelben schmalen Binden, deren II. die breiteste ist, dem kurzen und breiten Thorax und Postpetiolus und dem schwarzgefärbten Kopfschild und Flügelschuppen.

Diese Art scheint eine ähnliche Verbreitung zu haben wie die vorhergehende. Bei uns scheint sie recht selten zu sein und mehr der alpinen Region anzugehören. Reculet. Andermatt. Alp Ponchette. Saasthal. (Frey-Gessner, Steck.) VI—VIII.

9. O. oviventris Wesmael.

O. oviventris Wesm. Suppl. I. 2. — Lep. II. 651. — Sauss. I. 132; — III. 203. — Schenck 61. — Moraw. I. 8. — Thoms. 65.
♀ O. constans Herrich-Schäfer 173. St. 25. 176 Taf. 11.[1])
♀ Länge 10–13 mm. ♂ Länge 8–9 mm.

Körper von gedrungener Gestalt, reichlich abstehend hellgrau behaart. Sculptur an Kopf und Thorax ähnlich wie bei callosus. Thorax relativ breit und kurz, nach vorn nicht verschmälert, kaum länger als über den Flügelschuppen breit. Prothorax breit, an den Ecken rechtwinklig, beim ♂ wohl seitwärts, aber nicht nach vorne vorgezogen. Hinterschildchen ziemlich gewölbt, in der Mitte etwas vertieft, so dass zwei seitliche flache Höcker entstehen, scharf von der abschüssigen Parthie abgegrenzt. Concavität des Metathorax matt, unregelmässig, sehr fein nadelrissig punktirt, beim ♂ schwach diagonal gerunzelt. Rand der Concavität wie bei callosus, nur erscheint die Spitze stumpfer. Der Rand unterhalb derselben scharf. Postpetiolus doppelt so breit als lang (Fig. 9), wie das II. Abdominalsegment zerstreut, seicht punktirt. Zwischenräume der Punkte sehr fein gerunzelt, ebenso die übrigen Segmente. II. Ventralsegment beim ♀ mässig convex, in der vordern Parthie etwas stärker gewölbt als in der hintern, ebenso beim ♂. Flügel hell, in der Radialzelle schwach getrübt; Stigma und Nerven braun, gegen die Basis röthlich.

♀ Kopfschild unten schwach ausgerandet, ganz schwarz, meist aber mit 4, seltener 2 gelben Flecken. Fühler fast stets ganz schwarz, nur das äusserste Ende des Schaftes unten mit einem gelben Punkt. (Eine sehr seltene Varietät zeigt die äussere Hälfte bis ¹/₃ der Unterseite des Fühlerschaftes gelb gestreift.) Kiefer schwarz mit kleinem gelben Fleck an der Basis. Ein Punkt zwischen den Fühlern, ein kleiner am hintern Augenrande gelb. Am Thorax eine schmale, seitlich erweiterte Binde auf dem Prothorax, die Flügelschuppen, ein häufig fehlender Fleck unter dem Flügelansatz und zwei Flecke auf dem Schildchen, die ebenfalls (besonders beim ♂) häufig fehlen, gelb. Abdomen mit 5 regelmässigen, gelben, dorsalen Binden, deren erste seitlich nicht erweitert ist oder höchstens durch einen mit ihr verschmolzenen Querflecken; auf dem VI. Segment ein gelber Mittelfleck. 2 bis 3 ventrale Binden. Schenkel an der Basis schwarz, am Ende in mehr oder weniger grosser Ausdehnung gelb oder rothgelb, die Hinterschenkel nicht bis zum Ende schwarz, sondern im untern Drittel gelb bis rothgelb gefärbt. Schienen gelb und rothgelb ohne schwarze Zeichnung. Tarsen rothgelb.

---

[1]) Anm. Fühlerschaft in der Abbildung irrthümlich gelb.

♂ dem ♀ sehr ähnlich; Kopfschild breiter als lang, unten tief und breit ausgerandet, Tiefe des Ausschnittes ungefähr gleich der Entfernung der beiden den Ausschnitt begrenzenden Spitzen, gelb (Fig. 12). Oberkiefer, Oberlippe, Unterseite des Fühlerschaftes ebenfalls gelb. Nur die 2—3 letzten, sehr selten zahlreichere Glieder der Fühlergeissel unten rothgelb. Innerer Augenrand oberhalb dem Kopfschilde schwarz. Ecken des Prothorax dornig, aber nicht nach vorne vorgezogen. Abdomen meist mit 6, seltener 5 dorsalen und 2 oder 1, selten 3 ventralen Binden. Erste Abdominalbinde nie rechtwinklig erweitert, sehr selten durch einen mit der Binde verschmolzenen Punkt. Schenkel des vordern und mittlern Beinpaares vorn gelb gestreift; hintere in der untern Hälfte gelb, an der Basis der gelben Farbe oft mit röthlichem Anflug.

Das ♀ von oviventris unterscheidet sich deutlich von den verwandten Arten durch den kugeligen Thorax, die Structur des Hinterschildchens und des Postpetiolus, ferner den vorn nicht gelb gestreiften Fühlerschaft und die Färbung der Oberschenkel des hintersten Beinpaares; das ♂ ist unterschieden: von callosus und trimarginatus durch die dort angegebenen Merkmale, von parietinus ausser durch die beim ♀ angegebenen allgemeinen Merkmale dadurch, dass der bei oviventris sehr tief ausgeschnittene Kopfschild bei parietinus nur sehr flach ausgerandet ist, bei parietinus die Fühlergeissel unten fast der ganzen Länge nach röthlich ist, die Prothoraxecken nach vorne vorgezogen und die Oberschenkel des hintersten Beinpaares, wenigstens auf der hintern, obern Seite bis zum Ende schwarz sind. Ausserdem hat parietinus fast stets mehr als drei Ventralbinden.

O. oviventris baut 3—5kammerige Nester aus Mörtel, die ähnlich aussehen wie die Nester von Chalicodoma muraria L., oder bewohnt dieselben wenigstens, scheint aber auch in altem Holz zu nisten. Ein ♂ habe ich aus einem Tönnchen des Hoplopus spinipes L. erzogen.

Diese Art findet sich im ganzen mittleren Europa bis zur Wolga und nördlich bis Lappland, bei uns ziemlich häufig, sowohl in der Nord- als in der Südschweiz; steigt bis 2000 M. (Alp Ponchette). IV.—VII.

10. O. parientinus L.

O. parientinus L. — Thomson 70.
♀ O. affinis Herrich-Schäfer 173. St. 21. Taf. 24.
(?) ♂ O. viduus Herrich-Schäfer 173. St. 28. 176. Taf. 16. — Sauss. III. 209.
Schenck 58 (zum Theil) — André 675.
♀ Länge 11—15 mm. ♂ Länge 9—11 mm.

Körper schlanker als bei der vorigen Art, durchweg, besonders an Kopf und Thorax abstehend, reichlich hellgrau behaart. Sculptur an Kopf und Thorax ähnlich wie bei callosus. Thorax ein einhalb mal so lang als über den Flügelschuppen breit, nach vorn deutlich verschmälert; beim ♂ verhältnissmässig kürzer. Prothoraxecken rechtwinklig, beim ♂ nach vorn vorgezogen. Hinterschildchen flach, unter ziemlich scharfem Winkel in die abschüssige Parthie übergehend.

Zwischen Postscutellum und Concavität des Metathorax eine kurze, horizontal verlaufende Parthie. Concavität des Metathorax grob diagonal gerunzelt, ziemlich scharf gerandet, mit stumpfer Spitze unterhalb der Mitte des Randes. Postpetiolus relativ lang, kaum 1½ mal so breit als lang, reichlich und ziemlich tief punktirt. Die übrigen Segmente viel spärlicher punktirt, Zwischenräume fein gerunzelt. Zweites Ventralsegment ziemlich stark, gleichmässig gewölbt (Fig. 7). Flügel hell, Radialzelle schwach getrübt. Stigma und Nerven hellbraun.

♀. Kopfschild grob punktirt, nach unten zu runzlig, am untern Ende schwach ausgerandet mit 2—4 gelben Flecken. Ein grosser Fleck an der Kieferbasis, ein Punkt zwischen den Fühlern, einer am hintern Augenrande und die Unterseite des Fühlerschaftes gelb. Fühlergeissel unten der ganzen Länge nach röthlich. Eine in der Mitte unterbrochene Binde auf dem Prothorax, ein Fleck unter dem Flügelansatz, zwei getrennte Flecken auf dem Schildchen und die Flügelschuppen gelb, letztere mit grossem braunem Punkt in der Mitte. Abdomen mit fünf gelben dorsalen Binden, deren erste seitlich unter rechtem Winkel nach vorn erweitert ist, auf dem 6. Segmente ein gelber Punkt, 2—3 ventrale Binden. Oberschenkel wenigstens am hintern Beinpaare bis zu den Knieen schwarz. Schienen gelb, hinten schwarz gestreift. Vordertarsen gelb, hintere auf der Oberseite dunkelbraun.

Var. I. Erste Abdominalbinde seitlich nur durch einen mit der Binde verschmolzenen Punkt erweitert.

Var. II. Ventralbinde des Segmentes II in der Mitte halbkreisförmig nach vorn erweitert.

♂ dem ♀ ähnlich; Kopfschild deutlich breiter als lang, am untern Ende sehr seicht ausgerandet (Fig. 13), wie die Oberlippe und die Aussenseite der Oberkiefer gelb. Innerer Augenrand schwarz. Fühlergeissel unten der ganzen Länge nach röthlich, Prothoraxecken scharf, leicht nach vorne vorgezogen, mit ganz schmaler gelber Binde. Der übrige Thorax meist ganz schwarz. Abdomen mit 4—5 ventralen und 5—6 dorsalen Binden, deren erste seitlich nicht erweitert ist. Hüften vorn gelb. Hinterschenkel, wenigstens auf der hintern und obern Seite bis zu den Knieen schwarz.

O. parietinus ♀ unterscheidet sich von den verwandten Arten, besonders von oviventris, durch den gestreckten Thorax, die Structur des Metathorax und des Postpetiolus, sodann die Färbung der Fühler, des fünften Abdominalsegmentes und der Beine. Die Unterschiede von parietum L. siehe daselbst. Das ♂ ist characterisirt durch die ganz gleichmässige Wölbung des zweiten Ventralsegmentes und die Form und die Ausrandung des Kopfschildes. Für die Unterscheidung von callosus, oviventris, parietum siehe daselbst.

Ueber den Nestbau dieser Art ist mir nichts bekannt.
O. parietinus scheint im Süden von Europa zu fehlen, aber sich ziemlich nordwärts zu erstrecken. Bei uns ist diese Art seltener als die vorigen (trimarginatus ausgenommen). Nordschweiz, Südschweiz (Siders); beobachtet bis 1200 M. (Gadmen).

11. O. Antilope Panz.

O. Antilope Panz. Faun. Germ. fasc. 52, 9. — Wesm. 32; Suppl. I. 8. — Lep. II. 649. — Sauss. I. 132; III. 203. — Schck. 62. — Mor. I. 7. — Thomson 73. — André 670.
O. murarius Herrich-Schäf. Faun. Germ. 173, 26. — 176, tab. 12 (nec L.) (?).
♀ Länge 13—15 mm., ♂ Länge 12—14 mm.

Körper überall, besonders an Kopf und Thorax, abstehend röthlichgrau behaart. Sculptur an Kopf und Thorax wie bei callosus. Thorax gestreckt, 1½ mal so lang als über den Flügelschuppen breit, nach vorn deutlich verschmälert. Prothoraxecken rechtwinklig, beim ♂ schwach dornartig ausgezogen. Hinterschildchen flach, allmählig in die abschüssige Parthie übergehend. Zwischen diesem und der Concavität des Metathorax eine schmale, horizontale, grob längsgestreifte Parthie. Seiten und Concavität des Metathorax oben mit flachen Gruben versehen, unten aber glatt und sehr stark glänzend. Rand der Concavität sehr scharf, Ecke derselben stark vorspringend. Rand unterhalb·überall gleich breit, viel höher als oberhalb. Postpetiolus mit scharfer Querleiste am Vorderrande, circa 1½ mal so breit als lang, dicht, ziemlich tief punktirt, trägt hie und da in der Mitte eine seichte abgekürzte Längsfurche. Zweites Segment viel feiner und spärlicher, die übrigen wieder etwas reichlicher punktirt, zweites Ventralsegment regelmässig, ziemlich flach gewölbt. Flügel ziemlich stark angeraucht, besonders am vordern Rande. Stigma und Nerven pechbraun.

♀. Schwarz und gelb gezeichnet. Kopfschild unten mässig tief ausgerandet, ziemlich reichlich punktirt, nach unten runzlig, mit zwei gelben Flecken an der Basis, die sich aber hie und da so sehr vergrössern, dass das ganze Kopfschild gelb erscheint. Ein Punkt an der Kieferbasis, einer zwischen den Fühlern, eine schmale Linie hinter den Augen, die Unterseite des Fühlerschaftes gelb, Fühlergeissel hie und da unten röthlich. Vorn am Prothorax eine in der Mitte hie und da unterbrochene gelbe Binde. Mesopleuren meist ungefleckt, Schildchen ebenso, hie und da mit zwei kleinen gelben Flecken. Abdomen mit vier regelmässigen gelben Binden, oft noch eine seitlich abgekürzte auf dem 5. und ein Fleck auf dem 6. Segment. Binde I seitlich hie und da wenig erweitert durch einen mit der Binde verschmolzenen Fleck. Am Bauch ein bis zwei Binden. Hüften und Hinterschenkel schwarz, die vordern und mittlern an der

Spitze hie und und da in weiter Ausdehnung gelb. Schienen gelb, die vordern und mittlern hinten schwarz gestreift. Tarsen braun, erstes Glied hie und da unten gelb.

♂ dem ♀ ähnlich, zeigt ganz gelben, mässig tief ausgerandeten Kopfschild; Oberkiefer und Oberlippe gelb. Vorderseite der Hüften gelb.

Diese Art lässt sich von allen andern leicht durch ihre Grösse und die eigenthümliche Sculptur und Structur des Metathorax unterscheiden. (O. Antilope findet sich nach Saussure von den canarischen Inseln bis nach Indien, steigt nördlich bis Lappland. Das Exemplar von Ostafrika war roth gezeichnet. Durch die ganze Schweiz, aber überall ziemlich selten, steigt bis 2000 M. (Alp Ponchette im Val Annivier). V.—X.

12. O. trifasciatus Fab.

O. trifasciatus Fab.-Sauss. III. 211. — Wesm. Suppl. I. 7. — Schenck 54. —
O. tricinctus Herrich-Schäfer Faun. Germ. 173, 20. — 176, tab. 10.
O. trimarginatus Mor. I. 5.

♀ Länge 9—11 mm., ♂ Länge 6—9 mm.

Körper von schlankem Bau, abstehend hellgrau behaart. Sculptur an Kopf und Thorax ähnlich wie bei den vorigen Arten, Thorax langgestreckt, mindestens 1½ mal so lang als breit, nach vorn wenig verschmälert. Prothoraxecken stumpfwinklig bis rechtwinklig. Schildchen ziemlich flach, Hinterschildchen schwach gewölbt, nach hinten geneigt, keine senkrechte abschüssige Parthie bildend. Der Metathorax fällt hinter demselben nicht unmittelbar in eine concave Parthie ab, sondern ist noch um ein kleines Stück horizontal fortgesetzt. Diese Parthie ist grob gerunzelt. Concavität des Metathorax oben sehr grob und dicht punktirt, nach unten und aussen fein diagonal gerunzelt, von ziemlich scharfem, überall gleich hohem Rande umgeben. Spitze des Randes ziemlich stumpf. Postpetiolus mit sehr scharfer, stark vorspringender Querleiste am vordern Rande, relativ lang, höchstens 1¼ mal so breit als lang (Fig. 10), ziemlich dicht und tief punktirt, das zweite und die übrigen Segmente etwas spärlicher, die Zwischenräume zwischen den Punkten sehr fein punktirt, zweites Ventralsegment schwach, aber regelmässig gewölbt, Flügel in der Humeral- und Radialzelle ziemlich stark angeraucht. Stigma und Nerven dunkelbraun.

♀. Kopfschild ziemlich fein punktirt, nach unten zu längsrunzlig, unten seicht ausgerandet; Zähnchen neben der Ausrandung schwach entwickelt. Kopfschild meist schwarz, hie und da mit zwei ja vier gelben Flecken. Kieferbasis (nicht immer), ein Streifen am hintern Augenrand, ein hie und da fehlender Fleck am innern Augenrand oberhalb dem Kopfschild, einer zwischen den Fühlern gelb. Unterseite des Fühlerschaftes in mehr oder weniger grosser Ausdehnung gelbroth. Geissel schwarz. Am Prothorax eine mitten unterbrochene, seitlich abgekürzte Binde, ein oft fehlender Fleck unter dem Flügelansatz und zwei ebenfalls nicht constante Punkte auf dem Schildchen gelb. Flügelschuppe schwarz, hie und da mit gelbem Fleck. Abdomen mit 3—4 dorsalen und 1—2 ventralen Binden, diejenigen auf dem Postpetiolus meist seitlich unter rechtem Winkel nach vorn erweitert, seltener ganz gleichmässig schmal. Oberschenkel schwarz, Schienen gelb bis rothbraun, hinten schwarz gestreift, hie und da auch ganz schwarz, Tarsen dunkelbraun.

♂ mit dem ♀ übereinstimmend; Kopfschild nicht breiter als lang, unten seicht ausgerandet, wie die Oberlippe, die Aussenseite der Oberkiefer und die Unterseite des Fühlerschaftes gelb; letztes Glied der Fühlergeissel unten meist rostroth. Innerer Augenrand ob dem Kopfschilde mit schmalem, gelbem Streif. Ecken des Prothorax scharf seitlich ausgezogen. Thorax bis auf die oft fast ganz verschwindende gelbe Prothoraxbinde meist ganz schwarz. Abdomen wie beim ♀, nur ist die Binde des Postpetiolus stets schmal, oder höchstens seitlich durch einen mit der Binde verschmolzenen Punkt mässig erweitert. Hüften hie und da vorn gelb gefleckt. Oberschenkel vorn ab und zu gelb gestreift. Schienen und Tarsen heller als beim ♀.

O. trifasciatus F. ist characterisirt durch seine schlanke Form, besonders des Thorax und Postpetiolus, den horizontalen Absatz zwischen Postscutellum und Metathorax und das schwach gewölbte, nach hinten sanft geneigte Hinterschildchen und die oben scharf gerandete Concavität. Er ist am nächsten verwandt mit parietinus L., vor dem er sich aber ausser durch das letztgenannte Merkmal noch durch Grösse und Färbung, sowie die viel weniger starke Behaarung unterscheidet.

Diese Art ist im Norden von Europa häufig (Morawitz), so auch im Harz, Schwerin (Friese); bei uns ziemlich selten, findet sich jedoch auch jenseits der Alpen (Siders), steigt bis 1200 M. (Gadmen). VI.—VII.

13. O. parietum L.

O. parietum L.-Thomson 94.
O. parietum L.-Wesm. 16. — Suppl. I. 4. — Lep. II. 656. — Saussure I. 130;
   III. 201; pl. XI. 4. ♀. — Schenck 53. — Mor. I. 9. — André 679.
   (Alle diese umfassen weit mehr als den Thomson'schen parietum L.)
V. quadrata F. — Panz. F. Germ. 63, 3.
V. aucta F. — Panz. F. Germ. 81, 17.
   ♀ Länge 8—14 mm., ♂ Länge 9—10 mm.

Gestalt mässig gestreckt. Der ganze Körper ziemlich dicht, abstehend, röthlichgrau behaart. Sculptur an Kopf und und Thorax wie bei den vorigen Arten. Thorax relativ kurz und breit, nur wenig länger als über den Flügelschuppen breit, nach vorn mässig verschmälert. Prothoraxecken auch beim ♀ mehr oder weniger dornartig ausgezogen. Hinterschildchen flach, durch eine scharfe Kante von der abschüssigen Parthie abgesetzt. Concavität des Metathorax grob diagonal gerunzelt, mässig scharf gerandet. Rand mit mehr oder weniger stark vorragender Spitze unterhalb der Mitte. Oben gegen das Hinterschildchen hin bildet der Rand einen scharfen Kamm, der an seinem Ende in eine schwach dornartige Vorragung ausläuft. Zwischen diesem und der Hinterfläche des Hinterschildchens befindet sich eine tiefe Furche; (in viel ausgeprägterem Maasse bei der Gruppe simplex). Quernaht des Postpetiolus scharf, in der Mitte in Form eines Dreiecks unterbrochen. Diese Unterbrechung ist sehr variabel, meist sehr deutlich, oft aber, besonders beim ♂, nur eine flache, rundliche Ausrandung bildend, oder auch nur angedeutet. An der Vorderfläche des Segmentes findet sich eine mediane Längsleiste und auf dem Postpetiolus eine furchenartige, längsgestreckte flache Vertiefung. Postpetiolus relativ etwas kürzer als bei callosus, $1\frac{1}{2}$ mal so breit als lang, dicht und tief punktirt. Zwischenräume zwischen den Punkten fein runzlig, zweites Segment und die übrigen ebenso, Punktirung jedoch weniger dicht, zweites Ventralsegment hinter der Basalfurche nicht gewölbt, ganz flach, seine Mitte im Verhältniss zur Basalfurche vertieft. Flügel besonders in der Humeral- und Radialzelle mehr oder weniger rauchig getrübt bis ganz wasserhell. Stigma und Nerven hellbraun.

♀. Schwarz mit gelben Zeichnungen. Kopfschild grob längsrunzlig punktirt, an der Spitze schwach ausgerandet, mit zwei bis vier gelben Flecken, die sich häufig vereinigen, so dass die Mitte des Kopfschildes schwarz, die äussern Parthien gelb sind. Ausserdem sind gelb: ein Punkt an der Kieferbasis, einer zwischen den Fühlern, ein sehr oft fehlender am innern Augenrand oberhalb dem Kopfschilde, einer am hintern Augenrand und die Unterseite des Fühlerschaftes. Fühlergeissel schwarz, selten unten röthlich. Am Thorax sind gelb: eine in der Mitte meist nicht unterbrochene, seitlich erweiterte Binde auf dem Pronotum, die Flügelschuppen, ein Fleck unter dem Flügelansatz, zwei fast stets getrennte Flecke auf dem Schildchen und eine sehr selten in der Mitte unterbrochene Querbinde auf dem Hinterschildchen, letztere bisweilen fehlend. Auf den Seiten des Metathorax hie und da ein gelber Fleck. Abdomen mit sechs oder fünf, selten vier oder gar nur drei ziemlich breiten dorsalen gelben Binden, deren erste stark nach vorn erweitert, entweder so, dass der schwarze Ausschnitt am Vorderrande des Segmentes winklig, oder so, dass er abgerundet erscheint. Auf der ventralen Seite zwei bis vier doppelt gebuchtete Binden. Hüften und Oberschenkel schwarz, unteres Ende der letztern, besonders auf der vordern Seite, in mehr oder weniger grosser Ausdehnung gelb. Schienen gelb, auf der hintern Seite hie und da schwarz gestreift. Tarsen röthlich.

♂ dem ♀ ähnlich; Kopfschild meist deutlich länger als breit, stark gewölbt, zerstreut, ziemlich tief punktirt, oberhalb der Ausrandung deutlich der Länge nach eingedrückt. Ausrandung variabel, meist eher seicht, selten ziemlich tief. Gelb sind: die Aussenseite der Oberkiefer, die Oberlippe, das Kopfschild, der innere Augensaum oft bis tief in die Augenausrandung hinein und die Unterseite des Fühlerschaftes. Fühlergeissel unten der ganzen Länge nach roth. Prothoraxecken deutlich dornartig nach vorne vorgezogen. Thorax häufig mit weniger ausgebreiteter gelber Zeichnung als beim ♀. Erste Abdominalbinde sehr variabel, fast stets seitlich deutlich erweitert. Hüften vorn gelb.

O. parietum zeigt in der Färbung und zum Theil auch in der Structur bedeutende Verschiedenheiten, so dass es wohl möglich ist, dass unter diesem Namen verschiedene Arten oder wenigstens Saisonformen vereinigt sind.

Thomson a. a. O. unterscheidet:

O. parietum Thoms., p. 74. Abdomen mit fünf gelben Binden, deren erste breit und seitlich allmählig nach vorn verbreitert ist, so dass ein abgerundeter schwarzer Ausschnitt entsteht; Concavität des Metathorax matt, Punktirung kaum wahrnehmbar; Radialzelle rauchig getrübt; Tarsen hell; Binde des Pronotum in der Mitte nicht unterbrochen, seitlich verbreitert.

O. claripennis Thoms., p. 76. Abdomen mit sechs gelben Binden, deren erste unter rechtem Winkel nach vorn verbreitert ist; Concavität des Metathorax weniger matt, im obern Theil streifig gerunzelt. Flügel fast wasserhell; Fühlergeissel des ♀ schwarz; Kopfschild des ♂ mit einem Längseindruck vor der Spitze, Schienen häufig ungefleckt.

O. pictipes Thoms., p. 78. Abdomen mit vier Binden, deren erste seitlich plötzlich verbreitert ist, und zwei Ventralbinden. Weibchen: Fühlergeissel gegen die Spitze röthlich, Hinterschildchen oft mit gelber Binde; Männchen: Kopfschild ohne Längseindruck, Schildchen ungefleckt. Gestalt des Thieres kleiner und schlanker als bei den vorigen Arten; Postpetiolus etwas länger.

O. gazella Panz.-Thoms, p. 80. Abdomen mit nur drei dorsalen und einer ventralen Binde; kleinere Thiere.

Es ist mir trotz grossem Material nicht gelungen, die vorliegende Species in befriedigender Weise zu spalten; ich lasse sie daher vorläufig ungetrennt.

Var. **O. renimacula** Lep. II. 654. — Sauss. I. 128; III. 199. — Schck. 51. — Mor. 9. Grosse Ausbreitung der hellen Färbung. Grosse, nierenförmige gelbe Flecke auf den Seiten des Metathorax.

Die ♀ von parietum L. sind leicht kenntlich an der Structur des zweiten Ventralsegmentes, sodann daran, dass bei fast allen das Hinterschildchen gelb gezeichnet ist, was den übrigen

Arten der Untergattung Ancistrocerus abgeht. Trifasciatus Fab., mit dem parietum in Bezug auf das zweite Ventralsegment etwas verwandt, ist leicht zu unterscheiden am gestreckten Thorax und Postpetiolus und dem geneigten Hinterschildchen. Im ♂-Geschlecht könnte er mit parietinus L. verwechselt werden, doch ist bei diesem der Kopfschild stets breiter als hoch, der innere Augensaum schwarz, die Binde des Postpetiolus seitlich nicht erweitert.

Ueber den Nestbau dieser Art ist mir nichts Specielles bekannt. Sie scheint in trockenem Holze zu nisten.

O. parietum L. ist durch ganz Europa verbreitet, geht südlich bis Algier, östlich bis an die Wolga und nördlich bis Petersburg; Var. renimacula ist mehr auf den Süden beschränkt. — Bei uns überall ziemlich häufig, doch immerhin seltener als callosus Th., steigt bis 1400 M. IV.—VII.

III. Untergattung.

Lionotus Sauss., Schenck, Mor., Thoms.

Odynerus Sauss.
Gruppe III. IV. V. VII. VIII. André.

Letztes und vorletztes Fühlerglied beim ♂ verdünnt und hakenförmig gegen das 11. Glied zurückgebogen; ♀ hinter den Ocellen mit einer behaarten oder nackten Grube. Concavität des Metathorax meist von einem scharfen Rande umgeben. Hinterleib bald kegel-, bald mehr spindelförmig. Erstes Abdominalsegment ohne ausgesprochene Quer- oder Längsfurche. Auf dem zweiten Ventralsegment oft eine von der Basalfurche in der Medianlinie nach vorn verlaufende Längsfurche.

Als Hauptunterscheidungs-Merkmale dienen in dieser Untergattung neben der Sculptur und Färbung die Behaarung und Form der Scheitelgrube, die Form des 1. und 2. Abdominalsegmentes, die Structur des 2. Ventralsegmentes und ganz besonders die Bildung des Hinterschildchens und des Metathorax. Gestützt auf die letztern Merkmale bildet André seine obengenannten Gruppen.

Die Concavität des Metathorax ist seitlich begrenzt durch eine mehr oder weniger scharfe Kante (Fig. 14, o e b), die obere Parthie derselben, die „obere Kante" (o e), schliesst sich oben aus Hinterschildchen (h s) an und bildet dort die „obere Ecke" des Metathorax. Entweder endigt sie daselbst in einen aufrechtstehenden, durch eine tiefe Lücke vom Hinterschildchen getrennten Zahn (o) (Gruppe simplex), oder sie geht unmittelbar ins Hinterschildchen über. Am untern Ende des untern Theiles der „unteren Kante" (e b), etwas oberhalb dem Ansatze des Abdomens, befindet sich das Basalschäppchen (b'). Eine dritte Kante, die „Seitenkante" (e z), befindet sich auf der Seitenfläche des Metathorax. Sie endet nach oben und vorn unter dem Flügelansatz bei z. An der Vereinigungsstelle dieser drei Kanten, der „Seitenecke" (e), entsteht oft ein starker Zahn. Das seitlich am Metathorax zwischen Schildchen, oberer und Seitenkante des Metathorax gelegene Feld ist das „obere Seitenfeld des Metathorax" (l), das unterhalb der Seitenkante, rückwärts durch die untere Kante begrenzte Feld ist das „untere Seitenfeld des Metathorax" (i).

Die Untergattung Lionotus umfasst die weitaus grösste Zahl der Odyneri und ist über alle Faunengebiete verbreitet. Das europäische Gebiet bewohnen über 60 Arten; aus Nordamerika beschreibt Saussure deren 108 und die Schweiz beherbergt 18.

Bestimmungstabelle der Arten.

♀

1. Obere Kante[1]) des Metathorax scharf, am obern Ende in einen aufrechtstehenden Dorn (Fig. 14) auslaufend, zwischen diesem und dem Hinterschildchen eine tiefe, spaltförmige Lücke. Auf dem Scheitel hinter den Ocellen eine grosse, querovale, mit dichten, borstigen Haaren besetzte Grube. Augenausschnitt schwarz. Kante des Hinterschildchens fein gesägt. 9—14 mm. (Gruppe simplex aut.) . . . 2
— Obere Kante des Metathorax an ihrem obern Ende keinen aufrechtstehenden Zahn bildend, nicht durch eine Lücke vom Hinterschildchen getrennt. Grube auf dem Scheitel hinter den Ocellen nackt oder fehlend 4
2. Beine zum grössten Theile schwarz. Binde des ersten Abdominalsegmentes seitlich sehr stark verbreitert. Zweites Ventralsegment matt. Aussenseite der Kiefer grösstentheils schwarz; gelb ist nur die an der Basis zwischen den erhabenen Seitenleisten gelegene dreieckige Parthie. 15. **O. pubescens** Thoms.
— Beine von den Knieen an gelb. Aussenseite der Kiefer in grosser Ausdehnung gelb 3
3. Kopf und Thorax dicht behaart. Fühlerschaft schwarz. Thorax nach hinten verschmälert. Metathorax schwarz. Postpetiolus circa ein halb mal so lang als am Hinterrande breit, seine Binde seitlich kaum verbreitert. 14. **O. tomentosus** Thoms.
— Kopf und Thorax mässig behaart. Fühlerschaft unten gelb gestreift. Thorax nach hinten kaum verschmälert. Metathorax mit gelben Flecken. Abdomen fast cylindrisch. Länge des Postpetiolus die Hälfte seiner Breite übertreffend. Binde des ersten Abdominalsegmentes auf den Seiten stark verbreitert (Tessin).
16. **O. innumerabilis** Sauss.

---
[1]) Vergl. Einleitung 2. Untergattung Lionotus, resp. Fig. 14.

4. Hinterschildchen eine querverlaufende Kante bildend,
hinten senkrecht abfallend. Kante der ganzen Länge
nach ziemlich grob gezähnt (Gruppe Dantici) . . 5
— Hinterschildchen verschieden gestaltet, jedenfalls
nicht der ganzen Länge nach grob gezähnt . . . 6
5. Plumpe Thiere. Kante des Hinterschildchens sehr
grob, unregelmässig gezähnt. Erstes Abdominalsegment gelb, nur an der Basis ein fünfeckiger schwarzer
Fleck, keine rothe Zeichnung. Beine gelb.
17. **O. Dantici** Rossi.
— Schlankere Thiere. Kante des Hinterschildchens
regelmässig und weniger grob gezähnt. Erstes Abdominalsegment unten und an den Seiten orangeroth gefärbt. Beine röthlich. 18. **O. Herrichii** Sauss.
6. Hinterschildchen zu beiden Seiten durch ein aufrechtstehendes Dörnchen begrenzt. Gelbe Binde des
Pronotum ⋀ förmig, seitlich vom Vorderrande
des Pronotums etwas zurückweichend. Zwei gelbe
Abdominalbinden; auf dem zweiten Segment ein
grosser, oft mit der Endbinde verschmolzener Fleck,
selten auf dem dritten Segment eine seitlich abgekürzte Binde. 10—11 mm.
19. **O. dubius** Sauss. (Vergl. O. parvulus Lep.)
— Dörnchen zu beiden Seiten des Hinterschildchens
fehlen. Gelbe Zeichnung des Pronotums nicht von
seinem Vorderrande zurückweichend. Thiere durch
zahlreichere Abdominalbinden, oder durch geringere
Grösse ausgezeichnet 7
7. Grössere Thiere, 11 mm., mit drei bis sechs gelben
Binden auf dem Abdomen (Gruppe floricola) . . . 8
— Kleinere Thiere, 6—8—10 mm., mit zwei weisslichgelben oder weissen Binden, nur O. tarsatus hat ausserdem auf Segment 4 und 5, selten auch auf 3 eine
seitlich stark abgekürzte weisse Binde 10
8. Schlankes Thier mit spindelförmigem Abdomen. Ecken
des Pronotums in kleine Dorne ausgezogen. Augenausschnitt, Schildchen und Metathorax schwarz. Abdomen mit drei, selten vier gelben Binden, deren
erste seitlich nicht verbreitert ist. 20. **O. Rossii** Lep.
— Gestalt weniger schlank. Abdomen stark deprimirt,
in der Mitte verbreitert, Ecken des Pronotums rechtwinklig. Augenausschnitt, Schildchen und meist
auch der Metathorax mit gelber Zeichnung, erste
Abdominalbinde seitlich verbreitert 9

9. Metathorax seitlich eine Dornspitze tragend; obere Kante deutlich, etwas unterhalb des Hinterschildchens verlaufend. Schildchen mit einer ununterbrochenen gelben Binde, zweites Abdominalsegment ohne freie gelbe Flecke. Fühlergeissel unten schwarz.
21. **O. lativentris** Sauss.
— Metathorax ohne seitliche Dornspitze; obere Kante undeutlich. Auf dem Schildchen zwei stets getrennte gelbe Flecke. Scheibe des zweiten Abdominalsegmentes mit jederseits einem gelben Fleck. Fühlergeissel unten der ganzen Länge nach roth.
22. **O. floricola** Sauss.
10. Segment 1 und 2 mit schmaler weisser, 4 und 5, oft auch 3 mit seitlich abgekürzter, ebensolcher Binde. Erstes Abdominalsegment sehr flach schalenförmig, 1½ mal so breit als lang, zweites Segment mit deprimirtem, membranösem Endsaum (d. h. das innere Blatt überragt das hintere Ende des äussern Blattes). 23. **O. tarsatus** Sauss.
— Nur zwei Abdominalbinden 11
11. Hinterschildchen eine quere, aufrechtstehende Lamelle bildend. Kopf viel höher als breit. Zweites Segment mit membranösem Endsaum (d. h. das innere Blatt überragt das hintere Ende des äussern Blattes). Zwei weisse Abdominalbinden, Kopf schwarz . . 12
— Hinterschildchen geneigt, keine aufrechtstehende Lamelle bildend. Seiten des Metathorax gerandet. Hinterrand des zweiten Abdominalsegmentes wie gewöhnlich. Zwei Abdominalbinden von weisslichgelber bis gelber Farbe 13
12. Schildchen breiter als lang, rechteckig (Fig. 16).
O. alpestris Sauss.
— Schildchen quadratisch (Fig. 17). .
Subgen. **Microdynerus** Thoms.
13. Seitenecken des Pronotums nicht in seitlich oder seitlich und vorwärts gerichtete Dorne ausgezogen. Körper von mehr gedrungener Gestalt. Flügelschüppchen weisslich oder roth. Abdominalbinden weisslich. Beine roth (O. minutus aut.) 14
— Seitenecken des Pronotums in scharfe, seitlich oder vorwärts gerichtete Dorne ausgezogen. Körper schlank. Flügelschüppchen meist schwarz oder gelb. Abdominalbinden gelb. Beine ohne Roth, höchstens braun. 18
14. Schenkel nur bis zur Mitte oder höchstens ⅔ schwarz; unterer Theil mit den Schienen und Tarsen roth.

Mesopleuren meist weiss gefleckt, zweites Ventralsegment nahe der Basalfurche ohne mediane Längsrinne 15
— Schenkel schwarz, nur die Kniee selbst mit den Schienen und Tarsen roth. Mesopleuren meist ohne weissen Fleck. Abdominalbinden schmal, vorn nicht gebuchtet 17
15. Flügelschuppen roth. Schenkel mehr als zur Hälfte roth. Binden des Abdomens schmal, vorn nicht oder kaum gebuchtet; erste seitlich schmäler als in der Mitte. Mesopleuren (Sternum mesothoracis Handl.) dicht punktirt, Zwischenräume nicht grösser als die Punkte selbst 16
— Flügelschuppen weisslich, mit röthlichem, centralem Fleck. Kopfschild unten leicht ausgerandet. Schenkel mehr als zur Hälfte schwarz. Mesopleuren zerstreutpunktirt, Zwischenräume viel grösser als die Punkte selbst. Binden des Abdomens relativ breit, vorn gebuchtet, erste seitlich verbreitert. Ventralbinde ununterbrochen (Walliser Hochalpen).
25. **O. laticinctus** n. sp.
16. 10 mm.; Kopfschild unten kaum ausgerandet. Schenkel zur Hälfte schwarz. Ventralbinde breit unterbrochen (Wallis) 24. **O. punctifrons** Thoms.
— 8 mm.; Kopfschild tief ausgerandet; Schenkel nur an der Basis schwarz. Ventralbinde sehr schmal unterbrochen (Nordschweiz). 26. **O. orbitalis** Thoms.
17. Flügelschuppen mit weissem Saum. Pronotum mit einer mitten unterbrochenen weissen Binde; Mesopleuren (Sternum mesothoracis Handl.) dicht punktirt, Zwischenräume zwischen den Punkten annähernd ebenso gross wie diese selbst. Schienen ungestreift, 7—8 mm. 27. **O. dentisquama** Thoms.
— Flügelschuppen roth. Pronotum ohne helle Zeichnung. Mesopleuren glänzend, sehr zerstreut-punktirt. Vorder- und Mittelschienen hinten schwarz gestreift (Alpine Thiere). 9 mm. 28. **O. pictierus** Thoms.
18. Hinterrand des ersten Abdominalsegmentes wulstig verdickt, wie mit einer glatten Schnur eingefasst. Zweite Cubitalzelle gestielt (Fig. 2).
Alastor atropos Lep.
— Hinterrand des ersten Abdominalsegmentes flach, punktirt. Zweite Cubitalzelle mit breiter Basis an der Radialader 19

19. Zweites Ventralsegment von der Seite gesehen in der hintern Parthie flach, fast concav, gegen die Basalfurche plötzlich steil abfallend, ähnlich O. callosus Thoms. (Fig. 6). Flügelschuppen mit breitem gelbem Saum. Schienen gelb, meist nur hinten schwarz gestreift.   29. **O. Chevrieranus Sauss.**

— Zweites Ventralsegment von der Seite gesehen in der hintern Parthie schwach, gegen die Basalfurche etwas stärker gewölbt. Flügelschuppen dunkelbraun bis schwarz, an der vordern Ecke mit kleinem gelbem Fleck. Schienen an der Basis und am Ende ganz schwarz, in der Mitte theilweise gelb . . . 20

20. Concavität des Metathorax nicht unmittelbar an's Hinterschildchen anschliessend, sondern zwischen diesem und jener noch eine kurze horizontale bis schwach geneigte Fläche. Vorderrand des Pronotums gerade abgestutzt, in der Mitte nicht gerandet. Das Mesonotum erreicht in der Medianlinie den Vorderrand des Thorax nicht.   30. **O. xanthomelas** H.-Sch.

— Concavität des Metathorax unmittelbar hinter dem Hinterschildchen abfallend. Vorderrand des Pronotums eine concave Linie bildend (♂), der ganzen Länge nach gerandet. Das Mesonotum erreicht in der Medianlinie den Vorderrand des Thorax (♂).
                          31. **O. parisiensis Sauss.**

♂.

Auch in der Untergattung Lionotus bieten die ♂ sehr wenige und oft unsichere Unterscheidungsmerkmale, so dass die Aufstellung von Tabellen, die eine sichere Bestimmung gestatten, kaum möglich ist. Es werden stets die Einzelbeschreibungen aufs Genaueste verglichen werden müssen.

1. Obere (vergl. Fig. 14) Kante des Metathorax scharf, am obern Ende in einen aufrechtstehenden, vom Hinterschildchen durch eine tiefe, spaltförmige Lücke getrennten Dorn auslaufend. Kopfschild fast gerade abgestutzt; innerer Augensaum schwarz. Hinterschildchen mit fein gesägter Kante (simplex aut.) . 2

— Oberkante des Metathorax au ihrem obern Ende keinen aufrechtstehenden Zahn bildend, nicht durch eine Lücke vom Hinterschildchen getrennt . . . 4

2. Erstes Abdominalsegment mit schmaler Binde. Zweites Ventralsegment meist ohne eine vollständige Binde, nur beiderseits mit dreieckigen Flecken, Aussenseite der Kiefer gelb mit schmalem schwarzem Saum.

Postscutellum meist schwarz. Zweites Ventralsegment stark glänzend; mediane Längsfurche desselben kaum angedeutet.   14. **O. tomentosus** Thoms.
— Binde des ersten Abdominalsegmentes seitlich meist deutlich verbreitert, zweites Ventralsegment mit ununterbrochener Binde. Hinterschildchen mit gelber Querbinde 3
3. Thorax nach hinten verschmälert. Binde des ersten Abdominalsegmentes auf der Seite nur wenig verbreitert. Aussenseite der Kiefer grösstentheils schwarz, gelb ist nur die an der Basis zwischen den erhabenen Längsleisten gelegene dreieckige Parthie, zweites Ventralsegment matt; mediane Längsfurche deutlich. Metathorax ohne gelbe Flecken.   15. **O. pubescens** Thoms.
— Thorax über dem Hinterschildchen fast ebenso breit wie über den Flügelschuppen. Binde des ersten Abdominalsegmentes seitlich stark verbreitert. Aussenseite der Kiefer wie bei tomentosus gefärbt. Zweites Ventralsegment glänzend mit stark ausgebildeter medianer Längsfurche. Metathorax meist mit gelben Seitenflecken (Tessin).   16. **O. innumerabilis** Sauss.
4. Hinterschildchen eine Kante bildend, hinten senkrecht abfallend. Kante der ganzen Länge nach mehr oder weniger grob gezähnt (Gruppe Dantici) . . . 5
— Hinterschildchen verschieden gestaltet, jedenfalls nicht der ganzen Länge resp. Breite nach gezähnt . . . 6
5. Kante des Hinterschildchens sehr grob, unregelmässig gezähnt. Kopfschild unten kaum ausgerandet. Kiefer an der Innenseite ohne Ausrandung. Fühlergeissel schwarz. Erstes Abdominalsegment ohne orangerothe Zeichnung.   17. **O. Dantici** Rossi.
— Kante des Hinterschildchens ziemlich regelmässig und weniger grob gezähnt. Kopfschild unten tief und breit halbkreisförmig ausgeschnitten. Kiefer an der Stelle des zweiten Zahnes mit tiefem Ausschnitt. Unterseite der Fühlergeissel, erstes Abdominalsegment unten und an den Seiten orangeroth.
    18. **O Herrichii** Sauss.
6. Kante des Hinterschildchens zu beiden Seiten durch ein aufrechtstehendes Dörnchen begrenzt. Hinterrand des zweiten Abdominalsegmentes aufgestülpt. Abdomen meist nur mit drei gelben Binden; auf dem zweiten Segment meist zwei grosse, gewöhnlich mit der Binde verschmolzene Flecke.   19. **O. dubius** Sauss.

— Dörnchen zu beiden Seiten des Hinterschildchens fehlend. Hinterrand des zweiten Abdominalsegmentes nicht aufgekrempelt 7
7. Hinterrand des ersten Abdominalsegmentes wulstig verdickt, wie mit einer glatten Schnur eingefasst; zweite Cubitalzelle gestielt (Fig. 2). **Alastor atropos** Lep.
— Hinterrand des ersten Abdominalsegmentes flach, punktirt; zweite Cubitalzelle ungestielt 8
8. Grössere Thiere, 9—10 mm., mit zahlreichen, gelben Abdominalbinden 9
— Kleinere Thiere, 6—8 mm., mit nur zwei weisslich-gelben oder weissen Binden (nur O. tarsatus Sauss. hat oft auf Segment 4 und 5, selten auch auf 3 überdies eine seitlich sehr abgekürzte Binde) . . 11
9. Schildchen mit ununterbrochener Querbinde. Innerer Augenrand mit breitem gelbem Saum, welcher am Kopfschild bis in den Grund des Augenausschnittes hineinreicht. Endglied der Fühlergeissel unten röthlich. Sechs gelbe Abdominalbinden. Seite des Metathorax an der Vereinigungsstelle der Kanten mit einem Dorn; obere Kante deutlich, etwas unterhalb dem Hinterschildchen verlaufend.
21. **O. latlventris** Sauss.
— Schildchen schwarz, oder mit zwei getrennten gelben Flecken. Innerer Augenrand schwarz oder mit abgekürztem gelbem Saum. Endglieder der Fühler unten schwarz. Seiten des Metathorax ohne Dorn 10
10. Sechs bis sieben Abdominalbinden. Innerer Augenrand gelb gesäumt. Fühlergeissel an der Basis unten röthlich. Schienen hinten nicht schwarz gestreift.
22. **O. floricola** Sauss.
— Drei Abdominalbinden. Innerer Augenrand schwarz, Fühlergeissel unten schwarz. Vorder- und Mittelschienen hinten mit schwarzem Streif. 20. **O. Rossii** Lep.
11. Erstes Glied der Hintertarsen (Metatarsus) sehr beträchtlich verdickt (Fig. 15), wie das Ende der Tibien braun. Meist auch auf Segment 4 und 5, seltener auf 3 eine weisse Binde. 23. **O. tarsatus** Sauss.
— Metatarsus von gewöhnlicher Form; nur zwei Abdominalbinden 12
12. Hinterschildchen eine quere, aufrechtstehende Lamelle bildend. Hinterrand des ersten Abdominalsegmentes wulstig verdickt, wie mit einer Schnur eingefasst; zweites Segment mit membranem End-

saum (d. h. das innere Blatt überragt das hintero Ende des äussern Blattes) 13
— Hinterschildchen geneigt, keine aufrechtstehende Lamelle bildend. Seiten des Metathorax gerandet. Hinterrand des ersten und zweiten Abdominalsegmentes wie gewöhnlich 14
13. Schildchen rechteckig, d. h. breiter als lang (Fig. 16).
           O. alpestris Sauss.
— Schildchen quadratisch, d. h. eben so lang als breit. (Fig. 17).   Subg. **Microdynerus** Thoms.
14. Flügelschuppen hellgefärbt, d. h. mit breitem gelbem Saume oder rostroth. Abdominalbinden weisslich (Var. Steckianus ausgenommen). (Gr. minutus) . . 15
— Flügelschuppen zum grössten Theile schwarz. Abdominalbinden sattgelb (Gr. xanthomelas) 19
15. Flügelschuppen mit breitem hellgelbem Saume und kleinem dunklem Fleck im Centrum. Kopfschild ganz gelb 16
— Flügelschuppen rostroth, Schenkel am Uebergang der schwarzen zur gelben Farbe mehr oder weniger roth. Kopfschild mit schwarzem Saum 18
16. Augenausschnitt mit gelbem Fleck. Kopfschild tief ausgeschnitten; Ausschnitt tiefer als breit. Mesopleuren gelb gefleckt. Schenkel zur Hälfte schwarz, zur Hälfte roth.   26. **O. orbitalis** Thoms.
— Augenausschnitt schwarz. Kopfschild weniger tief ausgerandet, Mesopleuren ohne gelben Fleck. Schenkel mehr als zur Hälfte schwarz 17
17. Mesopleuren ziemlich zerstreut-punktirt; Zwischenräume grösser als die Punkte. Binde des zweiten Abdominalsegmentes ziemlich breit, vorn dreimal gebuchtet (Hochalpen). 25. **O. laticinctus** n. sp.
— Mesopleuren sehr dicht punktirt. Binde des zweiten Abdominalsegmentes schmal, regelmässig.
       27. **O. dentisquama** Thoms.
18. 8 mm. Pronotum und Hinterschildchen gelb gezeichnet. Schienen ganz gelb. 24 **O. punctifrons** Thoms.
— 7 mm. Pronotum, fast stets auch das Hinterschildchen ohne gelbe Zeichnung. Oberlippe schwarz. Vorder- und meist auch die Mittelschienen hinten mit schwarzem Streif (Alpen). 28. **O. picticrus** Thoms.
19. Concavität des Metathorax unmittelbar hinter dem Hinterschildchen abfallend. Pronotum vorn der ganzen Länge nach gerandet (rebordé Saussure). Das

Mesonotum reicht in der Medianlinie bis an den Vorderrand des Thorax. Thorax ohne gelbe Zeichnung. Zweites Ventralsegment von der Seite gesehen in der hintern Parthie flach, gegen die Basalfurche steil abfallend, ähnlich O. callosus Th. (vergl. Fig. 6). Sämmtliche Schienen hinten schwarz gestreift.   31. **O. parisiensis** Sauss.

— Concavität des Metathorax nicht unmittelbar ans Hinterschildchen anschliessend, sondern dasselbe nach hinten etwas überragend. Vorderrand des Pronotums in der Mitte ohne Rand. Das Mesonotum erreicht in der Medianlinie den Vorderrand des Thorax nicht. Bildung der zweiten Ventralsegments verschieden . 20

20. Zweites Ventralsegment wie bei parisiensis Sauss. gebildet. Flügelschuppen schwarz, am vordern Rande mit kleinem gelbem Fleck. Thorax meist mit gelber Zeichnung. Schienen ganz gelb, selten hinten gelb gestreift.   29. **O. Chevrieranus** Sauss.

— Zweites Ventralsegment von der Seite gesehen in der hintern Parthie schwach, gegen die Basalfurche etwas stärker gewölbt. Thorax ganz schwarz, ebenso die Flügelschuppe. Schienen stets hinten mit schwarzem Streif.   30. **O. xanthomelas** H.-Sch.

14. O. tomentosus Thoms.

O. tomentosus Thoms. 51. — André 684.
O. simplex Fab. Ent. syst. II. 267, 52. — Syst. Piezat 263, 51. — Sauss. III. 238. — Schck. 68.
O. quadrifasciatus Fab. Ent. syst. II. 266, 48. — Syst. Piezat 262, 49. — Herr.-Sch. Faun. Germ. fasc. 173, p. 19, tab. 20 ♀.
O. Lindenii Lep. II. 624.

♀ 9—13 mm., Flügelspannung 17—20 mm., ♂ 9—11 mm.

Kopf, Thorax, erstes Abdominal- und zweites Ventralsegment ziemlich dicht, abstehend röthlichgrau behaart. Kopf und Thorax sehr dicht unregelmässig, gegen das Schildchen hin runzlig punktirt. Hinter den Ocellen eine grosse, querovale Grube, deren Grund mit borstenartigen Haaren dicht besetzt ist. Kopfschild ziemlich stark gewölbt, so lang als breit, unten kaum ausgerandet, median sehr grob runzlig, seitlich feiner punktirt, mit zwei ganz kurzen Dornspitzen neben der Ausrandung. Thorax nur wenig länger als breit, nach vorn und hinten mässig verschmälert. Pronotum gerade abgestutzt, Seitenecken stumpfwinklig. Scutellum flach. Postscutellum nur wenig über die Fläche des Thorax erhaben, durch eine scharfe, der ganzen Länge nach feingezähnte Kante in eine horizontale vordere und eine senkrecht abfallende hintere Fläche geschieden. Abschüssige Parthie nur oben grob punktirt, im unteren Theil glatt, glänzend. Concavität des Metathorax deutlich markirt, überall ziemlich fein und regelmässig diagonal gerunzelt, nur unmittelbar ans Hinterschildchen anstossend eine dreieckige sculpturlose glänzende Stelle. An der Vereinigungsstelle der drei Metathoraxkanten ein scharfer nach seitwärts und hinten gerichteter Dorn. Alle drei Kanten sehr scharf und mehr oder weniger gezähnt, besonders die obere. Diese läuft in ihrem oberen Ende in einen scharfen, nach oben gerichteten Zahn[1]) aus, der vom Hinterschildchen durch eine tiefe Spalte getrennt ist (Fig. 14). Abdomen relativ breit und kurz, deutlich breiter als hoch, auf dem ersten Segment mässig dicht, seicht punktirt, auf den übrigen viel spärlicher und feiner mit Ausnahme der Hinterränder, wo die Sculptur jeweilen wieder gröber ist. Das zweite Ventralsegment zeigt meist in der Mitte der Basis eine fast punktlose, stark glänzende Stelle. Längsrinne fehlend oder kaum angedeutet. Postpetiolus am hinteren Rande reichlich doppelt so breit als in der Medianlinie lang, deutlich schmäler als das zweite Segment. Dieses nahe dem hintern Ende am breitesten, gegen das erste deutlich abgesetzt. Flügel durchweg leicht gelblich getrübt, besonders in der Humeral- und Radialzelle. Stigma und Adern hell- bis pechbraun.

♀. Schwarz mit gelben Zeichnungen. Gelb sind: am Kopf: ein Fleck zwischen den Fühlern, ein grosser Fleck an der Aussenseite der Kiefer, ein Fleck hinter den Augen und zwei ab und zu zu einer Querbinde vereinigte Flecken an der Basis des Kopfschildes, welche aber oft völlig fehlen; Fühler vollständig schwarz; Schaft sehr selten unten mit gelben Punkten am Ende. Am Thorax: eine schmale in der Mitte unterbrochene Binde auf dem Pronotum, ein Fleck auf den Mesopleuren, die Flügelschuppe, eine Querbinde auf dem Hinterschildchen und selten zwei kleine Flecken auf dem Schildchen. Am Abdomen vier, selten fünf schmale Binden, deren erste in der Mitte gebuchtet, seitlich hie und da durch einen mit der Binde vereinigten Punkt mässig erweitert ist, deren zweite auf der Seite etwas nach vorne vorgezogen und auf der ventralen Fläche seitlich durch dreieckige Flecke angedeutet ist; die übrigen Binden schmal, die vierte meist seitlich abgekürzt. Hüften und Schenkel schwarz; untere Hälfte bis unteres Drittel der letztern, sowie die Schienen und Tarsen gelb, letztere ins Röthliche

---

[1]) Bei einem ♀ verläuft die obere Kante direkt zur Basis des Hinterschildchens, so dass dadurch der betreffende Zahn und Spalt nicht zur Ausbildung kommen.

spielend. Vorder- und Mittelschienen, selten auch die hintersten an der Innenseite schwarz gestreift.

♂ dem ♀ ähnlich; Kopfschild deutlich länger als breit, unten ziemlich breit mit flacher Ausrandung. Concavität des Metathorax meist viel schärfer gerandet, besonders ist gewöhnlich der Dorn neben dem Postscutellum viel schärfer und länger als beim ♀. Kopfschild gelb, Kiefer aussen gelb, schmal schwarz gesäumt. Mesopleuren und Postscutellum häufig ganz schwarz. Am Abdomen vier bis fünf schmale gelbe Binden, deren erste seitlich nicht verbreitert und deren letzte seitlich abgekürzt ist. Ventral auf dem zweiten oder zweiten und dritten Segment seitliche, dreieckige gelbe Flecke, meist keine Binde. Hüften und Schenkel schwarz, erstere, wenigstens am mittleren Beinpaar vorn gelb gefleckt, letztere an den Knieen in verschiedener Ausdehnung, am mittleren Beinpaare auch auf der vordern Seite gelb; Schienen gelb. Vorder- und Mittelschienen auf der innern Seite hie und da mit dunkelm Längsstreif. Tarsen gelb. Endtarsen braun.

Die Arten dieser Gruppe zeichnen sich aus durch die grosse stark behaarte Scheitelgrube, die fein gesägte Kante des Hinterschildchens, den allerdings nicht absolut constanten, durch die obere Kante gebildeten, vom Hinterschildchen durch eine tiefe Kluft getrennten aufrechtstehenden Dorn und den Mangel gelber Farbe am innern Augenrand. Unter sich sind sie schwer zu unterscheiden.

O. tomentosus ist besonders ausgezeichnet durch die dichte Behaarung des Kopfes und Thorax, die feine und dichte unregelmässige Punktirung des Thorax, die mehr deprimirte, weniger cylindrische Form des Abdomens, den kurzen Postpetiolus, den starken Glanz des 2. Ventralsegmentes, das Fehlen einer Längsrinne daselbst; das ♀ speciell noch durch die schmale Binde des Postpetiolus und die helle Farbe der Beine; das ♂ durch die meist fehlende Binde des 2. Ventralsegmentes. (Vergleiche besonders auch innumerabilis Sss.)

Nistet in dürrem Holz: ein ♂ erzog ich aus einem Tönnchen der Hopl. spinipes L., andere aus dem Neste von Chalicodoma muraria L. — Mitteleuropa, nördlich bis Lappland (Thomson), südlich bis Norditalien, Budapest, Sarepta. — In der Schweiz verbreitet. Jura (Biel), Mittelschweiz, Wallis (Siders, Zermatt, Simplon). IV.—VII.

15. O. pubescens Thoms.

O. pubescens Thoms. 49. — André 684.
O. nigripes H.-Sch. Faun. Germ. fasc. 173, 17, tab. 21, 22. — Sauss. I. 190.
— III. 234. — Schenck 69.
O. maculatus Lep. II. 626.

♀ 10—13 mm., ♂ 9—12 mm.

Der vorigen Art sehr ähnlich, unterscheidet sich von derselben durch die schlankere Gestalt, die weniger dichte und viel kürzere Behaarung, die am Abdomen fast völlig fehlt, die regelmässige, etwas gröbere und weniger dichte Punktirung an Kopf, Thorax und Abdomen. Ausserdem ist der Kopfschild etwas tiefer ausgerandet; die Dornspitzchen neben der Ausrandung etwas länger und spitzer. Der Thorax ist deutlich länger als breit, seine Concavität gröber und weniger regelmässig gerunzelt. Kante des Postscutellums mit gröberen Zähnen. Metathorax im Uebrigen wie bei tomentosus[1]). Abdomen von mehr cylindrischer Gestalt, kaum breiter als hoch; Postpetiolus relativ länger, kaum doppelt so breit als lang. Uebergang von der horizontalen zur verticalen Parthie mehr winklig. Postpetiolus gegen des zweite Segment nicht abgesetzt mit annähernd parallelen Seiten. Grösste Breite des zweiten Segmentes in seiner Mitte, entfernt vom Hinterrande. Zweites Ventralsegment überall matt, ohne punktlose glänzende Stelle an der Basis. Längsrinne deutlich. Flügel etwas stärker getrübt.

♀. Schwarz mit gelben Zeichnungen. Gelb sind: Am Kopf: ein Punkt zwischen den Fühlern, ein Punkt hinter dem Auge, hie und da ein Punkt auf dem Ausschnitt der Kiefer und zwei meist getrennte, selten zu einem Querbogen confluirende Flecke auf der Basis des Kopfschildes. Dieser ist bei ungefähr einem Dritttheil der Thiere ganz schwarz: am Thorax eine ziemlich breite, in der Mitte nicht unterbrochene Binde auf dem Pronotum, ein häufig fehlender Fleck auf den Mesopleuren und eine Querbinde auf dem Hinterschildchen, hie und da zwei kleine getrennte Punkte auf dem Schildchen, sowie die Flügelschuppen; selten noch zwei Streifen vorn auf der Scheibe des Mesonotum; am Abdomen: vier, selten fünf Binden, erste sehr variabel, stets in der Medianlinie eingebuchtet und seitlich durch einen mit der Binde meist verschmolzenen grossen Fleck verbreitert, häufig strebt dieser Fleck am Vorderrande des Segmentes nach innen, so dass ein rautenförmiger, basaler schwarzer Fleck entsteht, oder endlich, das Schwarz des Postpetiolus schmilzt auf einen schmalen, längsgerichteten Streif zusammen; zweite Binde seitlich etwas nach vorne vorgezogen, selten auf der ventralen Seite vorhanden, meist nur durch dreieckige seitliche Flecke angedeutet. Das zweite Segment trägt auf der Scheibe hie und da zwei freie ab und zu auch mit der Binde verbundene unregelmässige Flecke. Vierte Binde hie und da seitlich abgekürzt. Selten Andeutung einer fünften Binde. Beine schwarz, Kniee und meist auch die Aussenseite der Schienen dunkelroth, gelb gestreift. Tarsen dunkelrothbraun.

♂ dem ♀ ähnlich. Kopfschild wie bei der vorigen Art. Die Kanten des Metathorax, sowie der Dorn neben dem Post-

---

[1]) Auch von dieser Art besitze ich ein ♀, wo der Zahn und somit auch der Spalt zwischen diesem und dem Hinterschildchen fehlen.

scutellum ebenfalls hie und da schärfer ausgebildet als beim ♀. Kopfschild ganz gelb, Unterseite des Fühlerschaftes gelb; Flecken auf der Aussenseite der Kiefer grösser. Thorax wie beim ♀ gefärbt. Hinterschildchen stets, Schildchen sehr selten gelb gezeichnet. Abdomen mit fünf, selten sechs dorsalen Binden, deren erste seitlich nur mässig verbreitert, deren zweite seitlich etwas vorgezogen ist. Das zweite Segment trägt sehr selten freie gelbe Flecke. Ventral stets eine schmale gelbe Binde auf dem zweiten Segment, auf dem dritten und vierten ist dieselbe wenigstens seitlich angedeutet, hie und da auch vollständig ausgebildet. Das zweite Ventralsegment trägt manchmal zwei freie gelbe Flecke. Schenkel schwarz. Hüften vorn gelb gefleckt. Unterstes Ende der Hinterschenkel und Schienen gelb. Letztere auf der Hinterseite schwarz gestreift, manchmal nur in sehr geringer Ausdehnung. Tarsen gelb bis röthlichgelb. Endtarsen schwarz.

Var. pubescens Thoms.-André. Binde des Postpetiolus seitlich nur durch einen mit der Binde mehr oder weniger verschmolzenen Punkt verbreitert.

Var. nigripes H.-Sch. Binde des Postpetiolus sehr stark verbreitert. Zweites Segment meist mit freien Flecken.

Var. notatus Jur. Meth. Hym. Tab. XI, Fig. 15. — Sauss. III. 262. André 682. Wie nigripes, ausserdem zwei gelbe Längsstreifen auf dem Mesonotum, zwischen diesen und den Flügelschuppen oft noch zwei kleine gelbe Punkte.

Var. cupreus, nov. var. Helle Färbung auf dem Postpetiolus und hie und da auch auf dem zweiten Segment deutlich kupferroth.

O. pubescens steht in Beziehung auf Behaarung, Punktirung, Form des Abdomens in der Mitte zwischen O. tomentosus und innumerabilis. Von ersterm ist er besonders verschieden durch das eher cylindrische Abdomen, den relativ langen Postpetiolus, das matte, mit einer deutlich ausgebildeten Längsrinne versehene zweite Ventralsegment, von innumerabilis, siehe daselbst. Das ♀ ist insbesondere ausgezeichnet durch die seitlich sehr stark verbreiterte Binde des Postpetiolus und die schwarz gefärbten Beine, das ♂ durch die stets vorhandene Binde auf dem zweiten Ventralsegment und das stets gelb gefärbte Hinterschildchen.

O. pubescens nistet in trockenem Holz (Balken) und trägt Tortriciden-(?) larven ein. Er findet sich durch ganz Europa, von Südrussland (Sarepta), Bulgarien und Ungarn bis Lappland und Ostchina (Tientsin); in der Schweiz mässig häufig, sowohl im Norden als im Süden (Wallis, Tessin), steigt bis 1000 Meter (Rigi, Weissenburg). VI.—VII.

16. O. innumerabilis Sauss.

O. innumerabilis Sauss. I. 189.[1]) — III. 233.
♀ 12—14 mm.; ♂ 10—12 mm.

Behaarung spärlich; Punktirung am Kopf und Thorax regelmässig, noch etwas gröber als bei pubescens. Kopfschild und Scheitelgruben wie bei pubescens. Thorax deutlich länger als breit, nach hinten kaum verschmälert, auf der Höhe des Hinterschildchens eben so breit wie auf der Höhe der Flügelschuppen. Mesopleuren sehr grob runzlig punktirt, gröber als bei den vorhergehenden Arten. Kante des Hinterschildchens ziemlich grob gezähnt, noch etwas gröber als bei pubescens. Concavität des Metathorax ähnlich gebildet wie bei pubescens; obere Kante jedoch viel stärker ausgebildet und viel schärfer, unregelmässig gezähnt. Der durch die Seitenecke gebildete Dorn[1]) in der Grösse sehr veränderlich, doch meist ziemlich stark entwickelt. Abdomen noch mehr der Cylinderform genähert als bei pubescens. Postpetiolus und zweites Segment wie bei pubescens gebildet. Punktirung eine Spur gröber und dichter. Zweites Segment kaum breiter als der Postpetiolus, zweites Ventralsegment stärker glänzend als bei pubescens, doch weniger als bei tomentosus. Längsrinne sehr lang und tief, mindestens bis zur Mitte des Segmentes reichend. Flügel wie bei der vorigen Art.

♀. Färbung ähnlich derjenigen von pubescens, doch ist das Gelbe reicher vertreten. Am Kopf sind gelb: ein Punkt zwischen den Fühlern, ein Punkt hinter dem Auge, die Aussenseite der Kiefer, die obere Hälfte des Kopfschildes und die Unterseite des Fühlerschaftes; Fühlergeissel schwarz; hie und da trägt der Kopfschild auch auf der untern Hälfte eine gelbe Querbinde, oder der gelbe Streif des Fühlerschaftes ist abgekürzt; am Thorax: eine breite, in der Mitte kaum unterbrochene Binde auf dem Pronotum, ein grosser Fleck auf den Mesopleuren, zwei oft sehr kleine Flecke auf dem Schildchen, eine Querbinde auf dem Hinterschildchen und zwei in ihrer Grösse sehr variable Flecke am Metathorax, sowie die Flügelschüppchen; am Abdomen fünf, sehr selten vier Binden; erste wie bei pubeccens und ebenso variabel; Färbung des zweiten Segmentes ebenfalls wie bei pubescens, doch fehlen meist die freien Punkte. Ventral auf dem zweiten und dritten, hie und da auch auf dem vierten Segment seitlich dreieckige Punkte, auf dem zweiten selten eine ganz schmale Binde. Obere Hälfte

---

[1]) Obgleich v. Saussure als wichtiges Merkmal für seinen innumerabilis den Mangel von Seitendornen am Metathorax anführt, so halte ich doch die vorliegende Art mit derselben für identisch, da bei meinen 5 ♂ und 2 ♀ alle möglichen Abstufungen in der Ausbildung dieses Dornes vorkommen.

der Schenkel schwarz; Rest der Beine gelb; Tarsen sowie ein Streif auf der Vorderseite der Vordertibien braunroth. Hüften meist vorn gelb gefleckt. Endtarsen braun.

♂ dem ♀ ähnlich; Abdomen weniger cylindrisch. Kopfschild wie bei der vorhergehenden Art, doch viel dichter und gröber punktirt; Kopfschild, Unterseite des Fühlerschaftes, Aussenseite der Kiefer in grosser Ausdehnung gelb. Am Thorax sind gelb: eine Binde auf dem Pronotum, die Flügelschuppen, eine Querbinde des Hinterschildchens und zwei, hie und da wohl auch fehlende Flecken am Metathorax; am Abdomen fünf Binden, deren erste auf den Seiten stark, d. h. bis zum vordern Rande des Postpetiolus, deren zweite auf den Seiten leicht verbreitert, vorn dreimal gebuchtet ist. Zweites Ventralsegment mit schmaler Binde, drittes und viertes mit Seitenflecken. Schenkel schwarz; Vorderseite der Hüften, Kniee, Vorderseite der mittleren, untere Seite der vordern Schenkel oft in grosser Ausdehnung, sowie die Tarsen gelb. Vorder- und Mitteltibien hinten mit braunem Streif. Endtarsen braun.

O. innumerabilis unterscheidet sich von den vorhergehenden Arten durch den hinten nicht verschmälerten Thorax, die grobe, regelmässige Punktirung des Thorax und die gelben Flecken des Metathorax; das ♀ insbesondere durch die cylindrische Form des Abdomens und den unten gelbgestreiften Fühlerschaft; das ♂ durch die stark verbreiterte Binde des Postpetiolus (ob constant?),

Von tomentosus Thoms. durch die Form des Postpetiolus, die stark verbreiterte gelbe Binde desselben und die sehr entwickelte Längsrinne des zweiten Ventralsegmentes,

Von pubescens Thomson, dem er in Beziehung auf die allgemeine Körperform näher steht, durch die gelben Beine und den Glanz und die stärker ausgebildete Längsrinne des zweiten Ventralsegmentes,

Von dem südeuropäischen O. egregius H.-Sch. (F. G. 173. 15, 176. Tab. 2. — Sauss. III. 262). mit dem er in der Färbung grosse Aehnlichkeit hat, durch die behaarte Grube hinter den Ocellen, welche bei egregius nackt und kleiner ist, die gezähnte Kante des Hinterschildchens, den schwarzen Angenausschnitt, der bei egregius gelb ausgefüllt ist und das Fehlen eines bei egregius allerdings nicht ganz constanten Fleckes auf dem Mesonotum. Ausserdem hat egregius ein weniger schlankes, mehr deprimirtes Abdomen, ähnlich tomentosus und viel stärkere, sich nähernde Dorne neben dem Hinterschildchen.

Von Dantici Rossi durch die gracilere Gestalt und die fein gesägte Kante des Hinterschildchens, sowie den schwarzen innern Angensaum.

Selten im Mittelmeerbecken. Südfrankreich, Algier (Saussure), Sicilien (Mus. Bern), Ungarn, Serbien (Belgrad, Pirot), Sarepta (Wolga). — In der Schweiz sehr selten im Tessin (Monte Carasso). VI.

17. O. Dantici Rossi.

O. Dantici Rossi. Faun. Etrusc. II. pag. 89, tab. VI. 6. — Herrich-Schäffer, F. Germ. 173, 14. tab. 23. — Sauss. I. 192. — III. 235. — Schenck 70. — Mor. I. 19. — II. 4. — André 699.
O. postscutellatus Lep. II. 627.
O. fastidiosus Sauss. I. 189.

♀ 12—14 mm; ♂ 11—12 mm.

Behaarung spärlich und kurz, hellröthlich. Kopf sehr dicht unregelmässig runzlig punktirt, hinter den Nebenaugen beim ♀ eine flache, nierenförmige nackte Grube. Kopfschild beim ♀ ebenso breit als lang, mit groben Längsrunzeln, in deren Zwischenräumen einzelne Punkte, unten breit abgestutzt; Abstutzung seicht ausgerundet. Thorax sehr gedrungen, nach vorn und besonders nach hinten stark verschmälert, regelmässig dicht und grob punktirt, gegen das Schildchen, sowie dieses selbst etwas gerunzelt. Seitenecken des Prothorax etwas stumpfwinklig. Mesopleuren grob runzlig-punktirt. Seitenflächen des Metathorax mit groben Längsrunzeln. Kante des Hinterschildchens überaus scharf, der ganzen Länge nach sehr grob unregelmässig gezähnt, in der Medianlinie eine meist seichte, oft auch ziemlich tiefe Einsenkung. Parthie des Hinterschildchens vor der Kante horizontal, überaus grob und tief punktirt; verticale Parthie zu oberst mässig grob punktirt, unterhalb vollkommen glatt und glänzend. Concavität des Metathorax sehr deutlich entwickelt, stark concav, fein diagonal gerunzelt. Alle drei Kanten sehr deutlich und scharf, bei ihrer Vereinigung einen starken, stumpfen Dorn bildend. Obere Kante lehnt sich ohne Unterbruch ans Hinterschildchen an. Abdomen bedeutend breiter als hoch, kaum schmäler als der Thorax, durchweg seicht, mässig dicht punktirt. Zwischenräume zwischen den Punkten etwas grösser als diese selbst, sehr fein nadelrissig. Erstes Abdominalsegment am Hinterrande fast doppelt so breit als in der Medianlinie lang, Seiten beinahe parallel. Obere und vordere Fläche des Segmentes von der Seite gesehen annähernd einen rechten Winkel bildend; zweites Segment breiter als lang, nur wenig breiter als das erste. Hinterrand ganz leicht aufgeworfen. Zweites Ventralsegment in der Längsrichtung beinahe flach, gegen die Basalfurche steil abfallend, zerstreutpunktirt, mässig glänzend; mediane Längsrinne sehr kurz. Flügel leicht gelblich getrübt.

♀. Färbung ausserordentlich wechselnd. Die schweizerischen Stücke verhalten sich folgendermassen: Schwarz mit strohgelber Zeichnung. Am Kopf sind gelb: die Unterseite des Fühlerschaftes, ein Fleck zwischen den Fühlern, ein Streif am untern Rande des Augenausschnittes, der weder nach unten den Kopfschild, noch nach aussen den Grund des Augenausschnittes erreicht, ein länglicher Fleck hinter jedem Auge, ein Fleck an der Aussenseite der Kiefer und des Kopfschildes. Dieser letztere trägt in seiner Mitte einen an Form und Grösse sehr veränderlichen schwarzen Fleck, der stets mit der Spitze des Kopfschildes in Verbindung steht, oft nur eine schmale senkrechte Linie darstellt, oft aber auch so gross wird, dass der Kopfschild schwarz erscheint, mit einer schmalen, bogenförmigen in der Mitte unterbrochenen basalen gelben Linie. Fühlergeissel unten schwarz, Kiefer am Ende oft in grosser Ausdehnung rothbraun. Am Thorax sind gelb: eine in der Mitte schmal unterbrochene, seitlich stark verbreiterte Binde am Prothorax, zwei getrennte Flecke auf dem Schildchen, je ein grosser Fleck seitlich am Metathorax, je einer unter dem Flügelansatz und das Flügelschüppchen. Am Abdomen sind gelb: das erste Segment mit Ausnahme eines grossen, basalen fünfeckigen schwarzen Flecks, auf dem 2.—5. eine breite, zweimal gebuchtete Endbinde; diejenige des zweiten Segmentes ist seitlich durch einen mit ihr verschmolzenen grossen Fleck fast bis zum Vorderrande des Segmentes verbreitert. Auf dem sechsten Segment meist ein centraler Punkt. Ventral trägt das zweite Segment seitlich grosse gelbe Flecke, die hie und da durch eine schmale Endbinde vereinigt sind, das dritte und vierte kleine Flecke auf der Seite und hie und da eine schmale Endbinde. Hüfte und Basis der Schenkel schwarz; Vorderseite der Mittel- und Hinterhüften, Ende der Schenkel, sowie Rest der Beine gelb. Hinterschienen selten hinten gegen das Ende mit schwarzem Streif. Tarsen röthlich.

♂ dem ♀ ähnlich; Kopfschild länger als breit, unten flach ausgerandet. Endglied der Fühler gegen die Mitte des zehnten Gliedes zurückgebogen, schwarz. Kopfschild ganz gelb, Färbung sonst wie beim ♀. Meist sechs, selten fünf, sehr selten sieben Abdominalbinden. Scutellum hie und da ganz schwarz; zweite Abdominalbinde seitlich hie und da nicht nach vorn vorgezogen.

Im Süden und besonders im Osten (Persien, Sibirien) gewinnt die helle Färbung an Ausdehnung, so dass oft das ganze Gesicht sammt der Unterseite der Fühler, der ganze Thorax mit Ausnahme des übrigens hie und da zwei gelbe Flecke tragenden Mesonotums, einer kleinen Parthie der Mesopleuren, der Concavität und eines Fleckes auf der Scheibe des ersten und zweiten Segmentes hellgefärbt ist. Die Farbe spielt auch oft in's Orangeroth.

Die Gruppe des O. Dantici zeichnet sich aus durch die scharfe, seitlich unbewehrte mehr weniger grob gekerbte Kante des Hinterschildchens, die scharf ausgesprochenen Kanten des Metathorax, welche seitlich bei ihrer Vereinigung einen Dorn bilden; O. Dantici speciell durch die gedrungene Form, die sehr grobe Kerbung der Hinterschildchen-Kante, den breiten, mit

Ausnahme eines grossen, fünfeckigen, basalen, schwarzen Flecks, gelben Postpetiolus.

Mittelmeergebiet; südlich bis Algier, östlich bis Persien und Südsibirien. — In der Schweiz im Wallis (auch in Zermatt), Tessin. VII.—VIII.

18. O. Herrichii Sauss.

O. Herrichii Sauss. III. 309. — Mor. I. 15. — Schenck 72. — André 697.
O. variegatus Herr.-Schäf. F. Germ. 173. 16, tab. 19.
♀ 11—12 mm.; ♂ 9—11 mm.

Kopf und Metathorax sehr spärlich und kurz grau behaart, Thorax im Uebrigen kahl. Kopf sehr dicht, ziemlich regelmässig, mittelgrob punktirt; hinter den Nebenaugen beim ♀ eine ziemlich tiefe, nierenförmige, glänzende Grube. Kopfschild so breit als lang, mässig grob längsrunzlig, unten schwach bogenförmig ausgerandet. Thorax viel schlanker als bei der vorhergehenden Art, nach vorn und hinten deutlich verschmälert; Sculptur ähnlich wie bei Dantici, nur etwas gröber, Thorax gegen das Schildchen hin runzlig punktirt. Ecken des Prothorax rechtwinklig. Flügelschuppen gross. Schildchen mit einem medianen Längseindruck. Mesopleuren grob punktirt; Seitenflächen des Metathorax grob gerunzelt. Kante des Hinterschildchens sehr scharf, der ganzen Länge nach grob, jedoch ziemlich regelmässig gesägt. Parthie des Hinterschildchens vor der Kante horizontal, grob punktirt. Parthie hinter derselben senkrecht abfallend, oben grob, unten fein runzlig punktirt, matt. Concavität des Metathorax mässig concav; untere, besonders seitliche Kante scharf markirt, obere abgerundet. Seitlich an der Vereinigungsstelle der Kanten ein scharfer Dorn; Feld zwischen oberer und Seitenkante sehr grob runzlig punktirt. Abdomen breiter als hoch, auf dem ersten Segment dicht und grob, auf den folgenden feiner und zerstreuter punktirt. Erstes Segment von der Seite gesehen gerundet; Seiten des Postpetiolus nach vorn leicht convergirend, am vorderen Ende oft ein Knötchen tragend; Hinterrand desselben etwas verdickt. Zweites Segment etwas breiter als das erste, auf der ventralen Seite ziemlich gleichmässig schwach gewölbt, spärlich punktirt, schwach glänzend; mediane Längsfurche deutlich, kurz. Flügel durchweg gleichmässig leicht gelblich getrübt.

♀. Schwarz mit hellgelben und orangerothen Zeichnungen. Am Kopf sind gelb: die Basis des Kopfschildes, ein kleiner Fleck zwischen den Fühlern, der innere Saum des Auges vom Kopfschild bis beinahe zum tiefsten Punkte des Augenausschnittes, ein Fleck hinter jedem Auge, eine schmale, nach oben abgekürzte Linie an der Unterseite des Fühlerschaftes. Fühlergeissel schwarz. Am Thorax sind gelb: eine breite, mitten nicht unterbrochene Binde des Prothorax, eine in der Mitte meist leicht unterbrochene Querbinde auf dem Schildchen, eine schmale, ununterbrochene Querbinde auf der Hinterfläche des Hinterschildchens, welche selten einmal vollständig fehlt, ein schmaler Streif entlang der Seiten- und Unterkante des Metathorax, ein grosser Fleck unter dem Flügelansatz, ein kleiner Fleck hinter den Flügelschüppchen, sowie diese selbst. An der Basis dieser letztern ein schwarzer Fleck. Am Abdomen sind gelb: auf dem 1.—4. Segment eine schmale, auf den Seiten mässig verbreiterte Endbinde, deren zweite vorn zweimal tief gebuchtet ist. Auf dem fünften Segment eine schmale, seitlich abgekürzte Binde. Erstes Segment unten und auf der Seite bis nahe zur Medianlinie orangeroth. Ventral auf dem zweiten und vierten Segment seitlich dreieckige Flecke, auf dem sechsten ausserdem eine schmale Endbinde. Beine orangeroth; Hüften, Trochanteren und Basis der Schenkel schwarz. Tarsen bräunlich.

♂ dem ♀ ähnlich; Kopfschild breiter als lang, unten breit und tief halbkreisförmig ausgeschnitten. Endglied der Fühler hakenförmig gegen die Mitte des zehnten Gliedes umgebogen. Am Kiefer ist statt des zweiten Zahnes eine tiefe eckige Ausrandung. Kopfschild, Oberlippe, Aussenseite der Kiefer und Unterseite des Fühlerschaftes gelb. Fühlergeissel unten der ganzen Länge nach orangeroth. Auch auf dem sechsten Segment eine schmale, beidseitig abgekürzte gelbe Endbinde; ventral auch auf dem dritten und vierten eine gelbe Binde, Hüften vorn mit grossem gelben Fleck. Hinterschildchen und Metathorax häufig ohne gelbe Zeichnung.

O. Herrichii zeichnet sich aus durch das unten und auf beiden Seiten orangeroth gefärbte erste Abdominalsegment und die feine Kerbung der seitlich unbewehrten Kante des Hinterschildchens; das ♂ insbesondere noch durch den unten tief halbkreisförmig ausgeschnittenen Kopfschild, die grosse Ausrandung an der Innenseite der Kiefer und die orangeroth gefärbte Unterseite der Fühlergeissel.

Südeuropa, nördlich bis Regensberg (Herrich-Schäfer), östlich bis Turkestan (Syr-Darja, Sarepta). — In der Schweiz bis jetzt nur im Wallis (Siders, Sitten). VI.—IX.

19. O. dubius Sauss.

O. dubius Sauss. I. 198, III. 237. — André 706.
O. opacus Mor. I. 16. — Mor. II. 4. — André 704.
Länge ♀ 10—11 mm., ♂ 8—9 mm.

Kopf und Thorax mässig dicht mit kurzen, röthlich-grauen Häärchen besetzt; Kopf sehr dicht grob punktirt. Grübchen hinter den Ocellen schwer wahrnehmbar, nackt. Parthie hinter den Netzaugen (Wangen) spärlich punktirt, glänzend. Kopfschild des ♀ von birnförmiger Gestalt, etwas länger als breit, mit groben Längsrunzeln versehen, deren Zwischenräume von vereinzelten groben Punkten besetzt sind. Unterrand schwach ausgebuchtet. Thorax etwas länger als breit, vorn verschmälert; Vorderrücken gerade abgestutzt, Seitenecken rechtwinkelig. Rücken grobrunzlig punktirt. Runzelung besonders deutlich auf dem hintern Theile des Mittelrückens und dem Schildchen. Kante des Hinterschildchens zwischen horizontaler und verticaler Parthie scharf, ohne Zähnung und Kerbung, in der Mitte seicht gebuchtet, auf beiden Seiten von einem kleinen, schwarz gefärbten flachen Dörnchen begrenzt (Fig. 18). Hinterfläche des Hinterschildchens abgestutzt, schwach gewölbt, grob punktirt. Concavität des Metathorax deutlich ausgesprochen, grob, ziemlich regelmässig quergestreift; obere Kante nur mässig deutlich; seitliche und untere Kante sehr scharf, grob gesägt; an der Vereinigungsstelle der drei Kanten kein Dorn, häufig aber einige stärker ausgebildete Zähnchen. Am untern Ende der Unterkante, unmittelbar über den Endschüppchen ein sichelförmiger Zahn. Seiten des Thorax sehr grob runzlig punktirt bis auf eine glänzende, längsgerunzelte Stelle über den Hinterhüften. Erstes Abdominalsegment schalenförmig, von oben gesehen gleichmässig gerundet, beträchtlich schmäler als das zweite. Dieses stark gewölbt, fast ebenso lang als breit; Hinterrand desselben etwas aufgekrempelt. Erstes und zweites Segment schwach glänzend, ziemlich grob und dicht punktirt, besonders das erste, die übrigen nur am Hinterrande mit einzelnen Punkten besetzt. Die Bauchseite ist stärker glänzend und spärlicher punktirt. Flügel leicht rauchig getrübt.

♀. Schwarz mit sattgelber Zeichnung. Kopf schwarz, gelb sind: die Unterseite des Fühlerschaftes, in mehr oder weniger grosser Ausdehnung, ein regelmässiger Fleck zwischen den Fühlern, ein meist kleiner Punkt im Augenausschnitt, der hie und da auch ganz fehlt, ein grosser Fleck hinter dem Auge, selten einmal je ein Fleck am obern Ende des Auges und die Basis des Kopfschildes. Diese letztere Zeichnung ist sehr variabel, stellt meist ein schmales, gebogenes, in der Mitte unterbrochenes Band dar, ist häufig nach unten dreilappig ausgerandet und kann auch fast den ganzen Kopfschild einnehmen. Fühlergeissel schwarz; Kiefer schwarz, gegen die Spitze braun. Am Thorax sind gelb: eine breite ∧ förmige, seitlich vom Vorderrande zurückweichende Binde auf dem Pronotum, ein kleiner Punkt hinter dem Flügelschüppchen, ein paariger Fleck auf dem Schildchen, der aber oft fehlt, das Hinterschildchen, eine grosse Mackel unter dem Flügelansatz, ein paariger, in der Grösse sehr wechselnder Fleck seitlich am Metathorax und das Flügelschüppchen, dessen Basis in der Mitte braun gefärbt ist.

Am Abdomen trägt meist nur das erste und zweite Segment eine gelbe Binde; die erste ist seitlich stark nach vorn verbreitert, die zweite zeigt vor der Binde noch einen gelben Fleck, der jedoch seitlich meist mit dem Ende der Binde zusammenfliesst. Selten zeigt auch das dritte Segment eine seitlich abgekürzte schmale Binde. Auf der ventralen Seite besitzt nur das zweite Segment eine in der Mitte gebuchtete, seitlich verbreiterte Binde. Hüften und oberer Theil der Schenkel schwarz, Rest der Beine gelb bis röthlichgelb. Tarsen röthlich.

♂ dem ♀ ähnlich; Kopfschild relativ noch länger, unten tief ausgeschnitten; Fleck im Augenausschnitt häufig fehlend, Kiefer aussen mit einem mehr oder weniger grossen gelben Fleck. Haken der Fühler lang, bis zur Basis des zehnten Fühlergliedes reichend, roth. Schildchen häufiger ungefleckt als beim ♀, ebenso hie und da auch der Metathorax. Abdomen meist mit drei, hie und da mit vier Binden. Zweites Segment manchmal ohne Flecke auf der Scheibe, mit einer einfachen, seitlich kaum nach vorn verbreiterten Binde. Ventral auf dem vierten Segment seitlich hie und da gelbe Flecke.

Leicht kenntlich an den beiderseits der Hinterschildchen-Kante aufsitzenden kleinen Dörnchen, der Eigenart der Pronotumbinde beim ♀, sowie den zwei gelben Abdominalbinden. Von dem ebenfalls dieser Gruppe (André) angehörenden O. parvulus Lep. unterscheidet sich dubius durch die scharfen Metathoraxkanten, welche bei parvulus kaum als solche bemerkbar sind und den etwas aufgekrempelten Rand des zweiten Abdominalsegmentes.

Verbreitet durch ganz Südeuropa; Nizza, Sicilien, Ungarn, Dalmatien, Wolga. Bei uns im Wallis (Sitten, Siders, Stalden). VII.

O. parvulus Lep. (II. 631. — Lucas, Expl. scient. d'Algerie Ins. III. 236, pl. XI. fig. 9. — Sauss. I. 193, III. 237. — Schenck 71. — Sauss. Mel. Hym. II. 55. — Mor. I. 23; II. 4. — André 710 = orbitalis II.-Sch.) ausgezeichnet durch die schwach ausgebildeten Metathoraxkanten, das vorn gleichmässig gerundete ähnlich wie bei Hoplomerus gestaltete erste Abdominalsegment und die reiche gelbe Färbung. — Das ganze Mittelmeerbecken; östlich bis Abessynien und Persien, nördlich bis Norddeutschland (Rudow). Bis jetzt nicht in der Schweiz gefunden.

20. O. Rossii Lep.

O. Rossii Lep. II. 633. — Sauss. I. 207. — III. 241. — Thoms. 54. — André 740. O. Lindenii Sauss. I. 194 (conf. Sauss. III. 241).
♀ 11 mm., ♂ 9 mm.

Schlankes, langgestrecktes Insect, Kopf und Thorax von mässig dichtem röthlich-grauem Flaume bedeckt. Punktirung etwas weniger dicht und regelmässig als bei den vorhergehenden Arten. Hinter den Ocellen eine grosse, quergestellte, nierenförmige nackte Grube. Grund derselben punktlos, glänzend, Hinterrand aufgeworfen. Kopfschild stark gewölbt, breiter als lang, unteres Ende abgestutzt, kaum geschweift, trägt keine

Dornspitzchen. Thorax deutlich länger als breit, nach vorn deutlich, nach hinten kaum verschmälert. Pronotum seitlich in zwei leichte Dornspitzchen auslaufend. Scutellum flach. Postscutellum mit deutlich markirter horizontaler und verticaler Parthie. Concavität des Metathorax deutlich ausgesprochen, ringsum von einer deutlichen Kante umgeben, in der obern Parthie sehr grob runzlig punktirt, in der untern diagonal gestreift. Kante zu beiden Seiten der Concavität mässig scharf. Abdomen schlank, nicht breiter als hoch. Sculptur desselben ähnlich wie bei den vorhergehenden Arten. Punkte auf dem Postpetiolus etwas zerstreuter. Erstes Segment kaum schmäler als das zweite, von diesem nicht abgesetzt. Hinterrand nicht verdickt. Die Länge des Postpetiolus in der Medianlinie beträgt $2/3$ der Breite desselben an seinem Hinterrande. Zweites Segment etwas länger als breit. Flügel durchweg leicht getrübt, besonders in der Radialzelle. Stigma und Nerven braun.

♀. Schwarz, mit mässig reichlichen hellgelben Zeichnungen. Am Kopf sind gelb: zwei bis vier gelbe Flecke auf dem Kopfschild, ein Fleck zwischen den Fühlern, ein Längsstreif auf dem Oberkiefer, ein ganz kurzer, schmaler Streif am innern Augenrande, der nach unten den Kopfschild nicht erreicht, nach oben den Fühleransatz nicht überschreitet, ein kleiner Fleck hinter dem Auge und eine nach oben verschmälerte abgekürzte Linie auf der Unterseite des Fühlerschaftes. Fühlergeissel schwarz. Am Thorax: eine schmale, in der Mitte unterbrochene Linie auf dem Pronotum, ein breiter Rand auf der Flügelschuppe, eine oft abgekürzte Binde auf dem Hinterschildchen und hie und da ein kleiner Mesopleuralfleck. Am Abdomen: drei bis vier Binden, deren erste seitlich nicht erweitert, deren zweite vorn dreimal gebuchtet und auf die ventrale Seite fortgesetzt ist, und deren vierte, wenn überhaupt vorhanden, nur in der Mitte angedeutet ist. Hüfte und Schenkel schwarz. Schienen gelb, auf der innern Seite mit schwarzem Längsstreif. Tarsen röthlich.

♂ den ♀ ähnlich: Kopfschild breiter als lang, unten tief, halbkreisförmig ausgerandet, mit langen, zitzenförmigen Dornen neben der Ausrandung. Thorax relativ etwas kürzer. Pronotum mit starken Dornspitzchen. Kopfschild ganz gelb. Aussenseite der Kiefer gelb mit schwarzem Saum. Innerer Augenrand ohne gelben Streif. Unterseite der Fühlergeissel schwarz. Hinterschildchen meist schwarz. Abdomen mit drei dorsalen Binden; sonst Färbung wie beim ♀.

Die Thiere dieser Gruppe zeichnen sich aus durch das abgerundete, unbewehrte Hinterschildchen, die schwach entwickelte Kante des Metathorax und die (ausser Rossii) reichliche gelbe Färbung.

O. Rossii ist aus dieser Gruppe durch die schlanke Gestalt, das gedornte Pronotum und die dunkle Färbung leicht herauszufinden. Bei dem schwer zu unterscheidenden ♂ ist besonders noch auf die schwarze Färbung der Fühlergeissel und die schwarzen Streifen an den Tibien zu achten, vergleiche auch O. xanthomelas H.-Sch.

O. Rossii scheint überall recht selten zu sein. Nach Saussure ist er in Nord- und Mitteleuropa (Griechenland), nach Lepelletier bei Paris heimisch. Ich kenne ihn aus Nord- und Mitteldeutschland (Baden-Baden), sowie von Siders.

21. O. lativentris Sauss.

O. lativentris Sauss. III. 275.
♀ Länge 11 mm., Flügelsp. 18 mm., ♂ Länge 10 mm.

Kopf und Thorax mässig dicht röthlichgrau behaart, sehr dicht grob punktirt. Hinter den Ocellen beim ♀ eine kleine, nackte, matte Grube, deren Hinterrand aufgewulstet ist. Entfernung der hintern Nebenaugen von einander beim ♀ kleiner, beim ♂ ebenso gross wie diejenige eines dieser Ocellen vom Netzauge. Kopfschild von fast dreieckiger Gestalt, an der Basis sehr breit, so breit als lang, mässig dicht punktirt, in der untern Parthie mit zwei erhöhten Längsleisten besetzt, die in zwei kleine Dorne auslaufen. Raum zwischen den Dornen kaum ausgerandet. Thorax etwas länger als breit, nach vorn mässig verschmälert. Prothorax gerade abgestutzt, Seitenecken rechtwinklig. Schildchen flach, mit Andeutung einer medianen Längsfurche. Postscutellum hinten senkrecht abfallend, vordere Parthie fast in derselben Ebene wie das Schildchen verlaufend. Kante zwischen horizontalem und verticalem Theil fast einen rechten Winkel aber keine gezähnte Linie bildend. Concavität des Metathorax deutlich ausgesprochen, ziemlich grob diagonal gestreift. Obere Kante besonders in der obern Parthie scharf, lässt zwischen sich und dem Hinterschildchen eine sehr grob unregelmässig gerunzelte Parthie. Seitliche und untere Kante scharf, erstere theilweise gesägt. An der Vereinigungsstelle der drei Kanten ein scharfer, spitzer Dorn. Abdomen viel breiter als hoch. Erstes Abdominalsegment schalenförmig, von oben gesehen gleichmässig gerundet, etwas schmäler als das zweite, von diesem deutlich abgesetzt. Zweites Abdominalsegment viel breiter als lang. Abdomen dicht, ziemlich regelmässig fein punktirt, am dichtesten und gröbsten auf dem ersten Segment, ebenso, jedoch etwas weniger dicht, die Ventralseite. Flügel in der Humeralzelle gelblich, in der Radialzelle stark rauchig getrübt.

♀. Schwarz mit sattgelber Zeichnung. Kopf schwarz; gelb sind: die Unterseite des Fühlerschaftes, ein runder Fleck zwischen den Fühlern, ein breiter Saum am innern Augenrand vom Clypeus bis in den innern Winkel der Augenausrandung hinein, ein Fleck am hintern Augenrand und der Kopfschild. Dieser zeigt oft in der Mitte und am untern Rande je einen schwarzen Fleck. Diese beiden Flecke können auch zu einem Längsstreif verschmelzen. Aussenseite der Kiefer mit röthlichgelbem Streif, Fühlergeissel unten schwarz. Am Thorax sind gelb: die vordere Hälfte des Pronotums, ein grosser Fleck auf den Mesopleuren, das Flügelschüppchen und hinter demselben ein kleiner Fleck auf dem Mesonotum, eine Querbinde auf der hintern Hälfte des Schildchens und des Hinterschildchens und ein Fleck auf den Seiten des Metathorax. Das Abdomen trägt fünf ziemlich breite gelbe Binden; die erste ist auf den Seiten unter rechtem Winkel nach vorne verbreitert, die übrigen seitlich nach vorn vorgezogen, die letzte jedoch seitlich hie und da abgekürzt. Auf der ventralen Seite zeigt das 1.—4. Segment eine zweimal gebuchtete Binde; die erste und letzte jedoch sind nicht constant, indem sie entweder vollständig fehlen, oder auf seitliche Flecke beschränkt sind. Beine gelb; alle Hüften und Trochantern, oberes Drittel der Vorder- und Mittelschenkel, obere Hälfte der Hinterschenkel schwarz.

♂ dem ♀ ähnlich; Kopfschild oben viel weniger breit, ein fast regelmässiges Sechseck bildend, unten tief und breit ausgerandet, mit scharfen Spitzen neben der Ausrandung. Der Oberkiefer trägt vor dem vorletzten Zahn eine tiefe, schmale Ausbuchtung. — Färbung ähnlich wie beim ♀, nur ist der Kopfschild, die Oberlippe und die Aussenseite der Oberkiefer ganz gelb; an den Fühlern sind die fünf letzten Glieder auf der innern Seite röthlich und am Abdomen dorsal und ventral je ein Segment mehr gelb gerandet und die Hüften vorn gelb gefleckt. Der Mesopleuralfleck fehlt hie und da.

O. lativentris Sauss. ist in dieser Gruppe ausgezeichnet durch den Seitendorn am Metathorax, die Form der Concavität, den relativ kurzen Postpetiolus, die Ausdehnung der gelben Farbe im Augenausschnitt, die ununterbrochene Querbinde des Schildchens und den Mangel an freien Flecken auf dem zweiten Abdominalsegment, das ♀ zudem durch die schwarze Fühlergeissel, das ♂ durch die röthliche Farbe auf der Unterseite der Fühler-Endglieder.

O. fastidiosissimus Sauss. (III. 265, pl. XII. 7), den André (740) mit lativentris identisch hält, unterscheidet sich von diesem durch geringere Grösse und Mangel eines Dornes am Metathorax, ferner das Fehlen einer gelben Zeichnung am innern Augenrand und das schwarze Schildchen.

Südeuropa (Südfrankreich, Balearen, Corsica, Sicilien, Sarepta). — In der Schweiz im Wallis (Siders). VII.—X.

22. O. floricola Sauss.

O. floricola Sauss. I. 196, tab. XVIII, fig. 3¹). — III. 239. — Reise d.
Novarra, pag. 16. — Mor. II., pag. 3. — André 735.
O. graphicus (??) Sauss. I. 191. — III. 234.

♀ Länge 11 mm., ♂ 10 mm.

Kopf und Thorax in Behaarung und Sculptur wie bei lativentris Sauss. Grube hinter den Ocellen (♀) etwas grösser, quer nierenförmig, Hinterrand leicht aufgewulstet, der Grund punktlos, stark glänzend. Entfernung der hintern Nebenaugen von einander niemals kleiner als diejenige eines dieser Ocellen vom Netzauge. Kopfschild ziemlich stark gewölbt, etwas breiter als lang, zerstreut grob punktirt, unterer Rand ziemlich breit, flach ausgerandet. Seitlich neben der Ausrandung zwei kleine Dornspitzchen. Thorax etwas länger als breit, nach vorn kaum verschmälert, daselbst gerade abgestutzt. Seitenecken rechtwinklig. Schildchen flach, Hinterschildchen gesägt. Uebergang von der horizontalen Parthie des Hinterschildchens zur verticalen mehr eine allmählige. Concavität des Metathorax diagonal grob runzlig punktirt. Obere Kante undeutlich. Seiten- und Unterkante scharf, deutlich gezähnelt. Eine Dornspitze fehlt. Abdomen ein Geringes breiter als hoch. Erstes Abdominalsegment „schalen"förmig, länger als bei der vorhergehenden Art, etwas schmäler als das zweite Segment, von diesem deutlich abgesetzt. Hinterrand des Segments, besonders gegen die Seiten hin, wulstartig verdickt, besonders bei den ♂; doch fehlt dieses Merkmal häufig. Zweites Segment fast so lang als breit, sein Hinterrand etwas aufgeworfen. Punktirung des Abdomens ähnlich wie bei der vorhergehenden Art. Flügel hell, in der Humeral- und Radialzelle leicht getrübt. Stigma hell, Adern etwas dunkler braun.

♀. Schwarz, mit sattgelben Zeichnungen. Kopf schwarz. Gelb sind: die Unterseite des Fühlerschaftes, ein herzförmiger Fleck zwischen den Fühlern, ein schmaler Saum am innern Augenrande, welcher den innern Winkel der Augenausrandung nicht vollständig erreicht, ein Fleck am hintern Augenrand, zwei häufig confluirende Flecke an der Basis und zwei ebensolche nahe dem untern Ende des Clypeus, sowie ein Streif auf der Aussenseite der Oberkiefer. Spitze dieser letzten, sowie die Unterseite der ganzen Fühlergeissel roth. Am Thorax sind gelb: die vordere Hälfte des Pronotums, ein grosser Fleck auf den Mesopleuren, die Flügelschuppe, zwei stets getrennte Flecke auf dem Schildchen, die sehr klein werden und ganz fehlen können, eine Querbinde auf dem Hinterschildchen, ein grosser

---
¹) Die Abbildung stimmt nicht mit der Beschreibung.

Fleck zu beiden Seiten des Metathorax. Das Abdomen trägt sechs ziemlich breite gelbe Binden, von denen die erste seitlich unter spitzem Winkel nach vorn verbreitert, die zweite bis vierte seitlich nach vorn vorgezogen und die fünfte und sechste seitlich abgekürzt sind. Das zweite Segment trägt seitlich zwei grosse, freie gelbe Punkte. Auf der ventralen Seite sind das zweite und dritte andeutungsweise, hie und da auch noch das vierte Segment mit einer schmalen gelben Endbinde versehen. Hüften und Schenkel schwarz, unterer Theil der letztern, besonders an den vordern Paaren und Tibien gelb. Tarsen in's Rothe, an den Endgliedern der Hinterbeine in's Braune spielend.

♂ dem ♀ ähnlich. Kopfschild ähnlich wie beim ♂ der vorhergehenden Art, doch etwas kürzer. Ausrandung weniger tief. Seitenecken des Pronotums etwas seitwärts ausgezogen, so dass ganz leichte Dorne entstehen. Färbung ähnlich wie beim ♀. Kopfschild und Aussenseite der Kiefer ganz gelb. Schildchen meist schwarz. Fühlergeissel nur an der Basis unten röthlich. Fleck auf dem zweiten Abdominalsegment meist kleiner, sechs bis sieben Abdominalbinden, Hüften vorn gelb gefleckt. An den Oberschenkeln mehr gelb.

Var. ♀ ♂: Keine gelben Flecke am Methathorax.
Var. ♂ ♀: Gelbe Flecke auf dem zweiten Abdominalsegment fehlen.
Var. ♀: Gelbe Flecke auf dem zweiten Abdominalsegment confluiren mit der Endbinde.
Var. ♂: Schildchen und Hinterschildchen ohne gelbe Zeichnung.
Var. ♂: Hinterschildchen, Metathorax, Scheibe des zweiten Segments, sechstes und siebentes Abdominalsegment ohne gelbe Zeichnung. Fünfte Binde seitlich sehr abgekürzt. (Ein ♂ aus Siders.)

O. floricola ist in dieser Gruppe leicht kenntlich an dem Mangel eines Seitendornes am Metathorax, der Ausdehnung der gelben Farbe am Augenausschnitt und dem Vorhandensein eines freien gelben Fleckes auf dem zweiten Abdominalsegmente, das ♀ überdies an den zwei gelben Flecken auf dem Schildchen und der rothen Unterseite der Fühlergeissel, das ♂ an der rothen Farbe an der Unterseite der basalen Fühlergeisselglieder.

Nistet nach Morawitz (bei Nizza a. a. O.) in Felsspalten und baut eine aus Mörtel und Sand zusammengesetzte etwa zwei Zoll lange cylindrische Eingangsröhre. Ein Exemplar fand sich auch todt in einer noch geschlossenen Zelle des Nestes der Chalicodoma muraria L.

Südeuropa (Gibraltar [Sauss.], Nizza, Dalmatien), nördlich bis Kreuznach (Mor.) und Oppenau (Friese). — In der Schweiz am Südabhang des Jura, Biel und im Wallis und Tessin (Siders, Grono, Lugano). V.—VII.

23. O. tarsatus Sauss.
(Fig. 15 und 16.)

O. tarsatus Sauss. III. 290, pl. XIII, fig. 1 u. 1a. — Mor. II. 4. — André 721.
♀ 7—8 mm., ♂ 6 mm.

Von ziemlich gedrungener Gestalt, an Kopf und Thorax mässig dicht grau behaart. Kopf rund, überaus dicht mässig grob punktirt, hinter den Augen schmäler werdend. Kopfschild viel breiter als lang, unten mit breiter Ausrandung, deren Tiefe ungefähr die Hälfte der Breite beträgt, daneben zwei scharfe Dörnchen. Seitenrand (♂) aufgeworfen. Kopfschild stark gewölbt, mit feinen Pünktchen sehr dicht besetzt, dazwischen einzelne gröbere. Zweites Geisselglied 1½ mal so lang als das erste, wenig länger als das dritte. Thorax ungefähr 1½ mal so lang als über den Flügelschuppen breit, nach vorn nicht verschmälert, ähnlich punktirt wie der Kopf. Pronotumecken rechtwinklig. Hinterschildchen eine stark erhabene, scharfe, in der Medianlinie leicht gebuchtete Kante bildend. Concavität des Metathorax glänzend, mit mässig groben Punkten wenig dicht besetzt. Obere und untere Kante abgerundet;. Seitenkante angedeutet, aber nicht scharf, ebenfalls abgerundet. Mesopleuren wie der Thorax punktirt. Seiten des Metathorax fein längsrunzlig, in der obern Parthie zerstreute mittelgrobe Punkte. Abdomen besonders beim ♂ breiter als hoch; Postpetiolus schalenförmig, am Hinterrande 1½ mal so breit als in der Medianebene lang, glänzend, auf der Scheibe spärlich, auf den Seiten dichter, seicht punktirt. Hinterrand einen starken regelmässigen Wulst darstellend, vor demselben keine Grube. Zweites Segment breiter als lang, nach vorn ziemlich stark verschmälert, ähnlich punktirt wie die Scheibe des ersten Segmentes, Hinterrand einen breiten, deprimirten, membranösen Saum darstellend. An der Uebergangsstelle vom Saum zum übrigen Theile des Segmentes eine Reihe grober Punkte. Zweites Ventralsegment im hintern Theile flach gewölbt, nach vorn gegen die Basalfurche ziemlich steil abfallend. Hinterer Theil des Segmentes stark glänzend, etwas spärlicher punktirt als die Dorsalseite, mit tiefer Längsfurche an der Basis, welche fast bis zur Mitte des Segmentes reicht. Flügel fast wasserhell, nur in der Humeral- und Radialzelle leicht rauchig getrübt.

♀. Schwarz mit weissgelben Zeichnungen. Kopf schwarz, Kiefer am Ende braunroth. Kopfschild schwarz, hie und da mit zwei kleinen gelben Flecken an der Basis. Fühlergeissel unten oft bräunlich. Thorax schwarz, am Pronotum meist zwei kleine weissgelbe Punkte. Flügelschuppen mit sehr breitem weissem Saum. Auf dem ersten und zweiten Segment eine schmale weisse Binde, deren erste regelmässig, deren zweite, um weniges breiter, in der Mitte vorn leicht gebuchtet, seitlich schräg nach vorn verbreitert ist; ausserdem auf dem vierten meist auch auf dem vierten und fünften, viel seltener auch noch auf dem dritten Segment eine schmale, seitlich stark abgekürzte weisse Binde. Ventral nur am zweiten Segment seitlich weisse dreieckige Punkte. Basis der Schenkel schwarz, unteres Viertel, sowie Schienen und Tarsen röthlich bis gelbröthlich.

♂ dem ♀ ähnlich. Kopfschild so breit als lang, am Ende seicht ausgerandet. Erstes Glied der Hintertarsen in hohem Grade verdickt (Fig. 15), spindelförmig, auf der innern Seite abgeflacht. Kopfschild weiss mit schwarzem Saum. Unterseite des Fühlerschaftes mit weissem Streif. Fühlergeissel am Ende unten roth. Kniee und Schienen gelb. Die mittleren, seltener auch die Vorderschienen an der Hinterseite hie und da mit braunem Streif. Vorder- und Mitteltarsen gelb. Unteres Ende der Hinterschienen und Tarsen braun.

O. tarsatus ist leicht zu erkennen an der Form des Hinterrandes des ersten und zweiten Abdominalsegmentes und der ungewöhnlichen Anordnung der weissen Abdominalbinden; das ♂ sofort an der spindelförmigen Verdickung des Metatarsus der Hinterbeine.

Vorkommen: Riviera (Mor.), Sicilien (de Sauss.). — Bei uns am Südabhang des Jura, Nyon, Biel (daselbst ziemlich häufig), sodann Lugano. Ende VI.

Sehr nahe verwandt, wohl sicher auch der schweizerischen Fauna angehörend, obschon noch nicht nachgewiesen ist:

O. alpestris Sauss. III. 272, pl. XIII. 3. — Schck. 76. — André[1]) 723. P. 36. 22. — Thoms. (Microdynerus alp.) 58. — O. minutus Herr.-Sch., Faun. Germ. 173, 31; 176, tab. 6 ♀, 8 b ♂.

Derselbe unterscheidet sich durch schlankere Form, gröbere und regelmässigere Punktirung, ganz schwarzen, unten schmal ausgerandeten Kopfschild (Entfernung der Dörnchen von einander ca. halb so gross als diejenige des innern Randes der Fühlergruben), die deutlich mit Rand versehene Concavität des Metathorax, die der ganzen Länge nach gleichmässige Wölbung des zweiten Ventralsegmentes, dem eine mediane Längsfurche fehlt, das Vorhandensein von grossen weissen Flecken auf dem Pronotum, von nur zwei Abdominalbinden, deren zweite nicht oder kaum breiter ist als die erste, das Fehlen weisser Zeichnung auf dem zweiten Ventralsegment beim ♀, während sie beim ♂ als seitlich abgekürzte Binde vorliegt und fast ganz rothe Schenkel; das ♂ überdies noch durch einen Metatarsus von gewöhnlicher Form und hellgelbe Hintertarsen.

Vorkommen: Mittel- und Norddeutschland, Ungarn, Sicilien (c. mea), nach André auch Tyrol und Südfrankreich.

24. O. punctifrons Thomson.

O. punctifrons Thomson 57.

♀ 10 mm., ♂ 8 mm.

Von ziemlich gedrungener Gestalt. Kopf und Thorax mässig dicht mit kurzen, borstigen braunrothen Häärchen be-

---

[1]) André scheint verschiedene Arten vermengt zu haben.

setzt. Kopf dicht und mässig grob punktirt. Kopfschild ziemlich gewölbt, breiter als lang, unten schmal, kaum ausgerandet, längsrunzlig, mit einzelnen groben Punkten zwischen den Runzeln. Thorax von gedrungener Gestalt, gedrungener als bei beiden folgenden Arten, nur wenig länger als breit, nach vorn und hinten stark verschmälert. Thorax mässig dicht mit mittelgroben Punkten besetzt. Punktirung zerstreuter als am Kopf, Zwischenräume zwischen den Punkten so gross wie diese selbst, sehr fein punktirt. Prothoraxecken beim ♀ stumpf, beim ♂ rechtwinklig. Hinterschildchen abgerundet, ohne Kante, stark geneigt. Concavität des Metathorax deutlich, fein halbkreisförmig gerunzelt mit groben Punkten zwischen den Runzeln; alle drei Kanten scharf, besonders die obere, leicht gekerbt, ohne Zahn an der Vereinigungsstelle der Kanten. Mesopleuren (Sternum mesothoracis Handlirsch) dicht punktirt; Zwischenräume kleiner als die Punkte selbst, schwach glänzend. Seiten des Metathorax deutlich längsrunzlig mit tiefen Punkten zwischen den Runzeln. Parthie zwischen Seiten und Oberkante sehr dicht und grob runzlig punktirt. Abdomen wenig breiter als hoch, ziemlich plump. Erstes Segment von oben gesehen halbkugelförmig, halb so lang als am Hinterrande breit; Punktirung ähnlich wie vorn auf dem Mesonotum, doch weniger dicht. Zweites Segment viel breiter als lang, etwas weniger grob und dicht punktirt als das erste. Zweites Ventralsegment der ganzen Länge nach ziemlich gleichmässig schwach gewölbt, ziemlich stark glänzend, spärlich punktirt, ohne mediane Längsfurche. Flügel durchweg leicht rauchig getrübt, besonders in der Humeral- und Radialzelle.

♀. Schwarz mit weisslichen Zeichnungen und rothen Flügelschüppchen und Beinen. Kopf schwarz mit Ausnahme eines kleinen weissen Flecks zwischen den Fühlern, eines sehr kleinen ebensolchen Punktes hinter jedem Auge und eines kleinen weissen Flecks auf der Aussenseite der Kiefer. Fühlerschaft unten schmal dunkelroth gestreift. Geissel unten gegen das Ende ebenso gefärbt. Am Thorax sind weiss: zwei nahe der Mittellinie gelegene, oft nur sehr kleine Punkte auf dem Pronotum, ein vorn in der Mitte tief gebuchtetes Querband auf dem Hinterschildchen und ein kleiner Fleck unter dem Flügelansatz. Am Abdomen sind weiss: eine schmale Endbinde auf dem ersten und zweiten Segment, deren erste auf den Seiten schmäler ist als in der Medianlinie, deren zweite in der Medianlinie so breit ist, wie die erste auf den Seiten und seitlich kaum nach vorn verbreitert ist. Zweites Ventralsegment seitlich mit je einem dreieckigen Fleck, eine ausgebildete Binde fehlt. Roth sind: die Flügelschuppen mit Ausnahme eines braunen

Saumes, die Beine von der Mitte der Schenkel an. Basale Hälfte der Schenkel und Hüften schwarz.

♂ dem ♀ ähnlich, von schlankerer Gestalt. Kopfschild ziemlich tief aber schmal ausgerandet. Fühlerhaken klein, roth, erreicht die Basis des elften Fühlergliedes. Kopfschild mit Ausnahme eines schmalen, selten ziemlich breiten schwarzen Saumes an der Basis und den Seiten, Aussenseite der Kiefer, Lippe und Unterseite des Fühlerschaftes gelb. Mesopleuren ungefleckt. Ventralbinde ununterbrochen. Schenkel zu ²/₃ schwarz, am Ende hellroth. Rest der Beine gelb. Schienen ungestreift. Der Rest wie beim ♀.

Die Gruppe des O. minutus Ant. zeichnet sich aus durch das abgerundete, unbewehrte Hinterschildchen, das oberhalb in einen langen Dorn auslaufende Basalschüppchen, die stumpfwinkligen Prothoraxecken, die zwei weisslichen Abdominalbinden und die rothen Beine. Unter diesen hebt sich O. punctifrons hervor durch die Grösse, die untersetzte Gestalt, das kurze erste Abdominalsegment, die Sculptur der Mesopleuren und die Färbung.

Ueberall selten. Bis vor Kurzem nur aus den Alpen bekannt. Wallis, Alpen oberhalb Siders. — 6. V. (♂), 15. IX. (♀). — Neuerdings erhielt ich durch Steck ein ♀ von Biel. — Innsbruck (Friese).

25. O. laticinctus n. sp.
♀ 8 mm., ♂ 7 mm.

Kopf dicht und ziemlich lang, Thorax und Abdomen spärlicher und kurz grau behaart. Kopf dicht mässig grob punktirt, etwas gröber und regelmässiger, weniger dicht als bei punctifrons. Grube hinter den Ocellen wie bei punctifrons, doch etwas deutlicher. Kopfschild deutlich breiter als lang, sonst wie bei punctifrons. Thorax mässig gestreckt, deutlich länger als breit, nach vorn und hinten nur wenig verschmälert; Punktirung ähnlich wie am Kopf, doch weitläufiger; Zwischenräume zwischen den Punkten um ein Geringes grösser als diese selbst, sehr fein punktirt. Prothorax seitlich abgerundet, Hinterschildchen mässig geneigt, sonst, sowie die Concavität des Metathorax ähnlich wie bei punctifrons, doch sind die Kanten besonders die obere etwas weniger vorspringend. Mesopleuren, (Sternum mesothoracis Handlirsch) spärlicher punktirt als bei der vorhergehenden Art; Punkte wesentlich kleiner als ihre sehr fein punktirten leichtglänzenden Zwischenräume. Seiten des Metathorax, Feld zwischen Ober- und Seitenkante wie bei punctifrons. Abdomen ziemlich schlank, wenig breiter als hoch. Erstes Segment relativ viel länger als bei punctifrons, circa ²/₃ so lang als am Hinterrande breit, grob und dicht aber sehr seicht punktirt. Zweites Segment länger als breit, viel spärlicher und seichter punktirt als das erste. Zweites Ventralsegment in der hintern Parthie ziemlich flach, nach vorn etwas stärker gewölbt, ziemlich stark glänzend, sehr spärlich punktirt; mediane Längsfurche fehlt. Flügel durchweg heller als bei punctifrons.

♀. Schwarz mit weissen Zeichnungen und rothen Beinen. Kopf schwarz. Weiss sind nur: ein Fleck zwischen den Fühlern und ein kleiner hinter jedem Auge. Kiefer mit Ausnahme der braunen Spitze und Fühler schwarz; am Thorax sind weiss: zwei relativ grosse Flecken auf dem Pronotum nahe der Medianlinie, eine vorn leicht eingeschnürte Querbinde auf dem Hinterschildchen und ein kleiner Fleck unter dem Flügelansatz. Flügelschüppchen weisslich gelb mit rothem centralem Fleck. Am Abdomen auf dem ersten und zweiten Segmente eine relativ breite, seitlich mässig verbreiterte, vorn dreimal gebuchtete gelblichweisse Binde; ventral eine ununterbrochene seitlich verbreiterte Binde. Beine vom untern Drittel der Schenkel an roth.

♂ dem ♀ ähnlich. Kopfschild unten mässig tief, aber breit ausgerandet. Haken der Fühler kurz, auf die Basis des elften Gliedes zurückgebogen. Kopfschild, Oberlippe, Aussenseite der Kiefer und Unterseite des Fühlerschaftes gelb. Fühlergeissel unten der ganzen Länge nach roth. Mesopleuren ohne Fleck. Mittelhüften vorn gelb gefleckt. Vorder- und Mittelschenkel mit Ausnahme des untern Viertels, Hinterschenkel mit Ausnahme der Kniee schwarz. Rest der Beine gelb.

O. laticinctus ist besonders ausgezeichnet durch die breiten Abdominalbinden, ihre Form, die spärlich punktirten Mesopleuren, die Länge des zweiten Abdominalsegmentes, die weisslichgelben Flügelschüppchen, die Ausdehnung der rothen Farbe an den Schenkeln und den breit aber wenig tief ausgerandeten ganz gelben Kopfschild des ♂.

Walliseralpen: 2 ♀. Saas und Zermatt: 15. VII. (1600 M.); 1 ♂ Alp Ponchette im Einfischthal: 19. VI. (2000 M.).

26. O. orbitatis Thomson.

O. orbitalis Thoms., pag. 57.

♀ 8 mm., ♂ 7 mm.

Gestalt schlanker als bei punctifrons, gedrungener als bei dentisquama. Kopf und Thorax fast nackt, ziemlich dicht punktirt; Zwischenräume zwischen den Punkten eben so gross wie diese selbst. Kopfschild breiter als lang, beim ♀ unten breit und tief, fast halbkreisförmig ausgerandet. Thorax mässig gestreckt; seine Punktirung nur wenig gröber und tiefer als auf dem Scheitel, jedenfalls zerstreuter und seichter als bei dentisquama. Ecken des Prothorax stumpfwinklig (♂ ♀). Seiten des Mesothorax etwas zerstreuter punktirt als das Mesonotum.

Hinterschildchen wie bei dentisquama. Metathorax unmittelbar hinter dem Hinterschildchen (wenigstens in der Medianlinie) steil abfallend, dasselbe nicht überragend. Concavität fein geruuzelt, aber grob punktirt, weniger scharf gerandet als bei dentisquama; seitliche Kante abgerundet. Oberes Seitenfeld des Metathorax von weit weniger grober Sculptur als bei dentisquama. Abdomen breiter als hoch. Erstes Segment regelmässig gerundet, fruchtschalenförmig, kürzer als bei dentisquama, kaum doppelt so breit als lang. Punktirung feiner und weniger dicht als bei dentisquama, viel weniger dicht als auf dem Mesonotum. Zweites Abdominalsegment und zweites Ventralsegment wie bei dentisquama. Flügel ebenso.

♀. Schwarz mit weissen Zeichnungen; Flügelschüppchen und Beine roth. Weisslichgelb sind: je ein kleiner Punkt auf der Aussenseite der Kiefer, einer zwischen den Fühlern und je einer hinter dem Auge; zwei kleine Flecken auf dem Pronotum, eine schmale Binde auf dem Hinterschildchen, je ein kleiner Fleck unter dem Flügelansatz, je eine schmale Binde auf dem ersten und zweiten Abdominalsegment, von denen die letztere seitlich etwas verbreitert ist, sowie eine seitlich angedeutete, mitten unterbrochene Binde des zweiten Ventralsegmentes. Flügelschüppchen roth, mit kleinem braunem Mittelfleck. Beine roth, Hüften, Schenkel und die äusserste Basis der Schenkel schwarz.

♂. Zeichnungen weisslich wie beim ♀. Kopfschild deutlich breiter als lang, unten um Weniges tiefer ausgerandet als bei dentisquama. Kopfschild, Oberlippe, Aussenseite der Kiefer, Unterseite des Fühlerschaftes, ein Fleck vor dem Ende der Augenausrandung weisslichgelb. Unterseite der Fühlergeissel der ganzen Länge nach roth. Das Uebrige wie beim ♀. Unteres Ende der Schenkel und Schienen gelblich.

L. orbitalis Thoms. unterscheidet sich von dentisquama Thoms. durch die tiefe Ausrandung des Kopfschildes, das kurze erste Abdominalsegment und die hinter dem Hinterschildchen unmittelbar abfallende Concavität des Metathorax, die weniger stark ausgebildeten Kanten, besonders Seitenkante des letztern, ferner die rothen Flügelschuppen und die nur auf die innerste Basis beschränkte schwarze Färbung der Schenkel, das ♂ überdies durch einen gelben Flecken im Augenausschnitt; von puncticrons, dem er in der Färbung nahesteht, durch geringere Grösse, etwas schlankere Gestalt, feinere Punktirung an Kopf und Thorax, etwas stärker ausgerandeten Kopfschild, weniger scharf ausgebildete Kanten des Mittelsegmentes, besonders Seitenkante, sowie das nicht gleichmässig gewölbte, sondern im hintern Theil mehr flache, nach vorn steil abfallende zweite Ventralsegment, ausserdem durch die etwas breitere zweite Abdominalbinde, welche in der Medianlinie so breit ist, wie die erste an eben dieser Stelle, die meist nicht oder nur ganz wenig unterbrochene Ventralbinde und die ausgedehnte rothe Färbung der Beine.

Zu dieser Art, die mir sonst aus Mecklenburg bekannt ist, scheint ein ♀ zu gehören, das am 29. IX. 70 bei Wangen, Canton Zürich, gefangen wurde.

27. O. dentisquama Thomson.

O. dentisquama Thoms. 55.
♀ 7,5—8,5 mm., ♂ 6—7 mm.

Ziemlich schlankes Thier, Kopf und Thorax sehr kurz grauweiss behaart. Kopf sehr dicht, regelmässig, ziemlich grob punktirt, viel gröber und dichter als bei der folgenden Art. Grube hinter den Ocellen ziemlich gross, Hinterrand winklig, aufgewulstet. Kopfschild breiter als lang, undeutlich längsgerunzelt und grob punktirt; Spitze seicht dreieckig ausgerandet. Thorax beträchtlich länger als breit, nach vorn und hinten ziemlich verschmälert. Punktirung gröber, tiefer und gedrängter als am Kopf; Zwischenräume zwischen den Punkten kleiner als diese selbst. Ecken des Pronotum beim ♀ stumpf, beim ♂ rechtwinklig. Schildchen und Hinterschildchen nach hinten leicht geneigt. Concavität des Metathorax nicht unmittelbar ans Hinterschildchen anschliessend, durch eine kurze, leicht geneigte, aber grobrunzlig punktirte Parthie von demselben getrennt. Concavität feiner gerunzelt als bei den beiden vorhergehenden Arten, oben sehr grob und tief punktirt; obere und untere Kante ziemlich stark vorspringend, ähnlich wie bei punctifrons. Mesopleuren (Sternum mesothoracis Handlirsch) sehr dicht punktirt. Seiten des Mesothorax wie bei den beiden vorhergehenden Arten; Feld zwischen Ober- und Seitenkante sehr grob runzlig-punktirt, ähnlich wie bei punctifrons. Abdomen schlank. Erstes Segment regelmässig gerundet; grob, mässig dicht punktirt, immerhin so dicht wie auf dem Mesonotum; Länge des Segmentes mehr als die Hälfte der grössten Breite desselben betragend; zweites Segment viel spärlicher und feiner punktirt, weniger gestreckt als bei der vorhergehenden Art, fast eben so lang als in der Mitte breit. Zweites Ventralsegment in der Längsrichtung in der hintern Parthie beinahe flach, vorn gegen die Basalfurche steil abfallend, glänzend, zerstreut punktirt; keine mediane Längsfurche. Flügel leicht rauchig getrübt, besonders in der Humeral- und Radialzelle.

♀. Schwarz mit weissen Zeichnungen; Beine roth. Am Kopf sind gelblichweiss: ein kleiner Fleck auf der Aussenseite der Kiefer, einer hinter jedem Auge und einer zwischen den Fühlern. Der Fühlerschaft zeigt unten am Ende einen kleinen gelblichrothen Fleck. Fühlergeissel unten gegen das Ende oft röthlich. Am Thorax sind gelblichweiss: zwei kleine getrennte Flecke auf dem Pronotum, eine mitten eingeschnürte Binde auf dem Hinterschildchen und das Flügelschüppchen; letzteres an der Basis mit rothem Fleck; am Abdomen: zwei schmale regelmässige Binden, deren zweite auf den Seiten ganz wenig verbreitert und über den Bauch fortgesetzt ist. Hüften und Schenkel schwarz; Kniee (am vordersten Beinpaar auf der Vorderseite das unterste Viertel des Schenkels) und Rest der Beine dunkelroth.

Var. Unter 15 ♀ zeigt eines (aus Ungarn) auf der einen Seite einen äusserst kleinen Episternalfleck.

♂. Zeichnungen gelb. Kopfschild kaum länger als breit, unten schmal aber ziemlich tief ausgerandet. Haken der Fühler wie bei der vorhergehenden Art. Kopfschild (an der Basis hie und da ein ganz schmaler, schwarzer Saum), Oberlippe, ein grosser Fleck auf der Aussenseite der Kiefer, ein breiter Streif auf der Unterseite des Fühlerschaftes gelb. Fühlerhaken roth. Unterseite der Fühlergeissel oft ganz schwarz, oft in mehr oder weniger grosser Ausdehnung roth. Fleck auf dem Pronotum viel grösser als beim ♀. Schenkel zu $^2/_3$, oft bis auf die Kniee schwarz. Rest der Beine gelb. Das Uebrige wie beim ♀, doch von strohgelber Farbe.

Zwischen 22. V. und 6. VI. 1885 und 86 fing Dr. Steck bei Biel vier ♂, die sich durch bedeutende Grösse (8,5 mm.), kräftigere Gestalt, dunklere Nuance des Gelb, ausgebreitetere Gelbfärbung der Schenkel ($^1/_3$—$^2/_3$ mit Rothfärbung an der Uebergangsstelle in Schwarz) auszeichnen. Da ♀ fehlen, wage ich nicht zu entscheiden, ob eine neue Art vorliegt. Var. Steckianus, n. var.

O. dentisquama ist ausgezeichnet durch die geringe Grösse, die dichte Punktirung des Thorax und ersten Abdominalsegments, den hinter dem Hinterschildchen noch etwas verlängerten Metathorax, das in der Längsrichtung relativ flache zweite Ventralsegment, dem eine mediane Längsfurche meist vollständig fehlt, sowie durch die Färbung, wobei besonders hervortritt die geringe Ausdehnung der rothen Färbung an den Schenkeln, die weissen Flügelschüppchen, die ungefleckten Episternen.

O. dentisquama Thoms. ist zweifelsohne von den unter dem Sammelnamen minutus Fab. laufenden Arten die verbreitetste und häufigste, so dass wohl die meisten Fundortsangaben auf diese bezogen werden können. Danach wäre die Art über ganz Mitteleuropa verbreitet.

O. dentisquama Th. findet sich in Südschweden (Thoms.). Mir selbst liegen Stücke vor aus Gumperda, Budapest und der Schweiz: Biel, Genf, Siders, Stalden (840 M.), Lugano. V.—VIII.

28. O. picticrus Thomson.

O. picticrus Thoms., pag. 57.
♀ 8 mm., ♂ 7 mm.

Ziemlich schlankes Thier. Kopf und Thorax kurz grauweiss behaart. Kopf dicht und regelmässig mittelgrob punktirt, jedoch viel zerstreuter und feiner als bei dentisquama.

Grube hinter den Ocellen wie bei der vorhergehenden Art. Thorax beträchtlich länger als breit, nach vorn und hinten ziemlich verschmälert. Punktirung wie am Kopf; Zwischenräume jedoch etwas grösser, grösser als die Punkte selbst, sehr fein punktirt. Kopfschild deutlich breiter als lang, längsgerunzelt und punktirt, an der Spitze sehr seicht ausgerandet. Ecken des Prothorax beim ♀ stumpf, beim ♂ leicht spitzwinklig. Hinterschildchen abgerundet, mit dem Schildchen in derselben Ebene wie das Mesonotum, also nicht geneigt. Sculptur und Structur des Metathorax, seiner Concavität und seiner Seiten wie bei dentisquama. Mesopleuren (Sternum mesothoracis Handlirsch) glänzend, relativ spärlich punktirt, noch spärlicher als bei O. laticinctus; Zwischenräume weit grösser als die Punkte selbst. Abdomen spindelförmig, nicht breiter als hoch. Erstes Abdominalsegment ähnlich wie bei dentisquama, also länger als bei punctifrons und kürzer als bei laticinctus, dicht und ziemlich grob aber seicht punktirt; Punkte viel gröber und dichter als auf dem Mesonotum. Zweites Segment viel spärlicher und auch feiner punktirt, fast so lang als in der Mitte breit. Zweites Ventralsegment der ganzen Länge nach gleichmässig gewölbt. Mediane Längsfurche deutlich, fast das Ende des Segmentes erreichend. Flügel durchweg rauchig getrübt, besonders in der Humeral- und Radialzelle.

♀. Schwarz mit weissen Zeichnungen. Flügelschuppen und Beine rothbraun. Am Kopf sind weiss: ein kleiner Fleck auf der Aussenseite der Kiefer, ein Fleck zwischen den Fühlern und ein kleiner hinter jedem Auge; am Thorax: eine mitten etwas eingebuchtete Binde des Hinterschildchens; Flügelschüppchen dunkelbraun mit schwarzer Basis; am Abdomen sind weiss: eine schmale regelmässige Binde auf dem ersten und zweiten Abdominalsegment, deren zweite über den Bauch fortgesetzt ist. Schenkel bis zu den Knieen schwarz; Vorder- und Mittelschienen hinten mit schwarzem Streif. Rest der Beine dunkelroth.

♂ dem ♀ ähnlich; Kopfschild breiter als lang, unten sehr breit, aber flach ausgerandet. Haken der Fühler kurz, erreicht kaum die Basis des elften Gliedes. Zeichnungen gelb. Ein Fleck auf der Aussenseite der Kiefer und Unterseite des Fühlerschaftes gelb. Kopfschild mit grossem centralem gelben Fleck und breitem schwarzem Saum. Oberlippe dunkelroth. Fühlergeissel gegen das Ende unten röthlich. Hinterschildchen schwarz oder mit zwei sehr kleinen gelben Flecken. Binden des Abdomens gelblichweiss. Schienen gelb; vorderes und mittleres Paar hinten schwarz gestreift. Tarsen bräunlich.

O. picticrus Thoms. ist ausgezeichnet durch die zerstreute Punktirung der Mesosternen, den hinter dem Hinterschildchen noch etwas verlängerten Metathorax und die stark ausgebildete mediane Längsfurche des zweiten Ventralsegmentes, ausserdem durch das ungefleckte Pronotum, die dunkelrothen Flügelschuppen, die ganz schwarzen Schenkel und schwarz gestreiften Vorderschienen; das ♂ überdies durch den schwarz gesäumten, sehr breit und flach ausgerandeten Kopfschild, die dunkelgefärbte Oberlippe und das meist ganz schwarze Hinterschildchen.

Dem Norden und den Alpen eigenes Thier; Schweden (Thoms.). In der Schweiz auf die Alpen beschränkt, wo das Thier in trockenen Baumstämmen nistet, aber immerhin recht selten ist. Oberengadin (Morawitz), Alp Ponchette im Val Annivier (2000 M.), Somvix.

Am 26. Juni fing ich ein ♀ in Filzbach (742 M.) am Wallensee, bis jetzt der tiefste Fundort. Alpen ob Innsbruck (Friese). 19. VI.—VII.

29. O. Chevrieranus Sauss.

O. Chevrieranus Sauss. III. 268, pl. XIII. 2. — André 714.
♀ 7—8 mm., ♂ 6—7 mm.

Mässig schlankes Thier. Kopf und Thorax mässig dicht mit kurzen Börstchen besetzt. Kopf nicht höher als breit, sehr dicht und grob punktirt; Grube hinter den Ocellen klein, glänzend. Kopfschild stark kissenartig gewölbt, breiter als lang, sehr dicht grob punktirt, unten sehr flach ausgerandet. Thorax etwa 1½ mal so lang als breit, nach vorn und hinten ziemlich stark verschmälert, viel gröber und zerstreuter punktirt als der Kopf, Zwischenräume aber nicht grösser als die Punkte selbst. Vorderrand des Pronotum seitwärts mit einem leichten Rändchen versehen, das in der Mitte verwischt ist. Seitenecken des Pronotum scharf, seitlich ein wenig nach vorn gerichtete Dörnchen bildend, Hinterschildchen geneigt, unbewehrt; Metathorax hinter demselben noch etwas verlängert. Diese Parthie sowie das obere Seitenfeld des Metathorax sehr grob gerunzelt. Concavität des Metathorax klein, aber deutlich ausgebildet. Kanten deutlich, aber nicht erhaben. Mesopleuren etwas feiner und etwas weniger dicht punktirt als das Mesonotum. Untere Seitenfläche des Metathorax besonders in der obern Parthie grob runzlig punktirt. Abdomen mässig langgestreckt, kaum breiter als hoch. Erstes Abdominalsegment wesentlich kürzer als am Hinterrande breit, nur wenig schmäler als das zweite. Sehr dicht und grob punktirt, viel dichter und gröber als das Mesonotum. Zweites Segment viel feiner punktirt, beträchtlich länger als breit. Ventralfläche sehr spärlich punktirt, glänzend, ganz flach, fast concav und gegen die mit kräftigen Rippen versehene Basalfläche plötzlich steil abfallend, so dass von der Seite gesehen die Ventralfläche einen basalen, nach vorn gerichteten Dorn zu bilden scheint (ähnlich Ancist. callosus Thoms., vgl. Fig. 6). Flügel ziemlich stark rauchig getrübt.

♀. Schwarz mit sattgelben Zeichnungen. Am Kopf sind gelb: ein kleiner Fleck zwischen den Fühlern, einer hinter jedem Auge, ein kleiner auf der Aussenseite der Kiefer und die Unterseite des Fühlerschaftes. Fühlergeissel schwarz. Am Thorax sind gelb: zwei kleine, getrennte Flecke auf dem Pronotum und eine in der Mitte eingeschnürte Querbinde auf dem Hinterschildchen. Flügelschuppen an der Basis schwarz mit breitem gelbem Saum. Am Abdomen: je eine ziemlich breite, vorn dreimal gebuchtete Binde auf dem ersten und zweiten Abdominalsegment, deren erste seitlich durch einen mit der Binde verschmolzenen Punkt verbreitert, deren zweite seitlich etwas nach vorne vorgezogen und als breite Binde über den Bauch fortgesetzt ist. Hüften und Schenkel mit Ausnahme der Kniee schwarz. Rest der Beine gelb; Tarsen gegen das Ende bräunlich, hie und da jedoch fast ganz schwarz. Schienen, wenigstens die vordern Paare, hinten gegen das Ende mit schwarzem Streif.

♂ ähnlich dem ♀. Kopfschild breiter als lang, unten seicht ausgerandet. Fühlerhaken erreicht die Basis des elften Gliedes. Eigenthümliche Bildung des zweiten Ventralsegmentes etwas weniger deutlich als beim ♀. Kopfschild, Oberlippe und Aussenseite der Fühler gelb; ersteres oft ringsum, oft nur an der Basis schwarz gesäumt. Flügelschuppen meist schwarz mit kleinem gelbem Fleck am vordern Rand. Thorax hie und da ganz schwarz, hie und da fehlen die Pronotumflecke, hie und da auch die Binde des Hinterschildchens. Binde des Abdomens etwas schmäler als beim ♀. Färbung der Beine wie beim ♀, doch können die gelben Streifen an der Hinterseite der Schienen ganz fehlen.

Var. ♀. Kleiner gelber Fleck auf den Mesopleuren.

O. Chevrieranus ist ausgezeichnet besonders durch die eigenthümliche Bildung des zweiten Ventralsegmentes, sodann durch die starken Dörnchen des Pronotums, die Kürze des ersten Abdominalsegmentes und die Bildung des Metathorax; im weitern noch durch die vorn bis zum Ende gelben, auf der Hinterseite meist schwarz gestreiften Schienen und die beim ♀ breit gelb gesäumten Flügelschüppchen; das ♂ zudem noch durch den fast kreisrunden, unten seicht ausgerandeten, schwarz gesäumten Kopfschild.

O. Chevrieranus Sauss. findet sich im südlichen Europa (Montpellier, Tirol, Croatien [Sagrab], Parnass). In der Schweiz: bei Genf und im benachbarten Jura, Bern (Vl. 93 Steck).

30. O. xanthomelas Herrich-Schäfer.

O. xanthomelas Herr.-Sch. F. Germ. 173. 29. — 176. Taf. 7 ♀, 8a ♂. — Sauss. III. 271. — ? Schck. 73. — Thoms. 58. — André 728, 729.
♀ 7—9 mm., ♂ 6,5—7 mm.

Schlankes langgestrecktes Thier. Kopf und Thorax sehr kurz röthlichgrau behaart. Kopf etwas höher als breit, sehr dicht punktirt. Zwischenräume zwischen den Punkten glatt und glänzend, ungefähr so gross wie die Punkte selbst. Kopfschild breiter als lang, ziemlich gewölbt, dicht punktirt. Grube hinter den Nebenaugen flach und nackt. Hinterrand derselben einen kleinen, winkeligen Wulst darstellend. Thorax gestreckt, nach vorn und hinten nur wenig verschmälert, etwas gröber punktirt als der Kopf. Vorderrand des Pronotum in der Medianlinie ohne aufrechtstehenden Rand, ein solcher höchstens seitlich etwas angedeutet. Prothoraxecken scharf, recht- manchmal sogar leicht spitzwinklig. Mesonotum erreicht in der Medianlinie den Vorderrand des Thorax nicht, dieser gerade abgestutzt und nicht concav. Hinterschildchen geneigt, keine aufrechtstehende Kante bildend. Concavität des Metathorax sehr deutlich markirt, unregelmässig quer gerunzelt. Rand derselben und die obere und die untere Kante ziemlich scharf, gewellt. Obere Kante nach oben ziemlich stark über das Niveau der Concavität vorspringend, so dass an ihrem Ende eine vorspringende Ecke (obere Ecke des Metathorax) entsteht. Seitenkante abgerundet. Kein Seitendorn an der Vereinigungsstelle der drei Kanten. Zwischen der obern Begrenzung der Concavität und dem untern Ende des Hinterschildchens eine geneigte, sehr grob und tief runzlig punktirte Parthie. Obere Seitenfläche des Metathorax in derselben Weise sculpturirt. Untere Seitenfläche des Metathorax vorn unten glatt und glänzend, nach oben und hinten allmählig grobe und runzlige Sculptur zeigend. Mesopleuren dicht punktirt, immerhin etwas spärlicher als das Mesonotum. Abdomen ziemlich langgestreckt, nur wenig breiter als hoch. Erstes Abdominalsegment so lang als am Hinterrande breit, kaum schmäler als das zweite. Punkte gegen das hintere Ende des Segmentes etwas gröber und dichter als auf dem Mesonotum, nach vorn viel gröber werdend. Sculptur desselben kaum feiner als auf dem obern Seitenfelde des Metathorax. Zweites Segment länger als breit, nach vorn wenig verschmälert, glänzend und ziemlich dicht, jedoch feiner und zerstreuter punktirt als das erste. Ventrale Seite zerstreut punktirt, in der hintern Parthie ziemlich flach, gegen die Basalfläche stärker gewölbt, jedoch keinen zahnartigen Vorsprung bildend; in der Medianlinie eine seichte Längsfurche. Flügel leicht rauchig getrübt.

♀. Schwarz mit strohgelben Zeichnungen. Am Kopf sind gelb: das äusserste Ende der Unterseite des Fühlerschaftes, ein kleiner Fleck an der Basis der Kiefer, zwischen den Fühlern und hinter den Augen; am Thorax: zwei kleine Flecke auf dem Pronotum und zwei ebensolche auf dem Hinterschildchen. Flügelschuppen schwarz, am Rande oft ein gelber Fleck; am

Abdomen: je eine schmale gelbe Binde auf dem ersten und zweiten Segment, deren zweite über die ventrale Fläche fort-fortgesetzt ist. Beine schwarz, Aussenseite der Basis sämmtlicher Schienen gelb.

♂ dem ♀ ähnlich, doch etwas weniger schlank. Kopfschild an der Spitze fast eben so breit als tief, rund ausgeschnitten, an der Basis schwarz, unten gelb. Fühlerschaft unten breit gelb gestreift. Punkt hinter den Augen meist fehlend. Thorax ganz schwarz. Schienen gelb, vordere Parthie hinten schwarz gestreift. Tarsen gelb, gegen das Ende bräunlich.

Var. ♀. Thorax ganz schwarz.
♀. Mesopleuren gelb gefleckt.

O. xanthomelas H.-Sch. ist der Repräsentant einer Gruppe kleinster Odyneri, welche sich auszeichnet durch schlankere Form, stärker ausgebildete Ecken des Prothorax, unbewehrtes nach hinten geneigtes Hinterschildchen, hinter welchem der Metathorax noch etwas verlängert ist, nur zwei meist gelbe Abdominalbinden und meist relativ dunkel gefärbte Beine.

O. xanthomelas H.-Sch. speciell ist ausgezeichnet durch die stark entwickelten Ränder der Concavität, welche nach oben eine starke vorspringende Ecke bilden, die Länge und die Sculptur des ersten Abdominalsegments, die Färbung des Thorax und der Beine, sowie die Form des zweiten Abdominalsegments; das ♂ durch den tief ausgerandeten an der Basis schwarz gerandeten Kopfschild. O. xanthomelas könnte auch mit O. Rossii Lep. verwechselt werden, doch ist dieser viel grösser und anders sculptuirt, sein Metathorax fällt unmittelbar hinter dem Hinterschildchen steil ab und sein Abdomen hat drei resp. vier Binden. Vergleiche auch die folgende Art.

O. xanthomelas H.-Sch. bewohnt Mitteleuropa (Harz, Ungarn). In der Schweiz verbreitet: Zürich, Basel, Lugano, Wallis. V.—VIII.

Nahe verwandt mit der vorigen Art ist offenbar der nach Saussure (III, 266) in Deutschland, nach Morawitz (I, 25) in Sarepta vorkommende O. germanicus Sauss., der mir unbekannt geblieben ist. Er könnte wohl auch in der Schweiz vorkommen.

31. O. parisiensis Sauss.

O. parisiensis Sauss. III. 271, pl. XIII, fig. 5.
♂ 8 mm.

Ein ♂ von Stalden (VII.) scheint mir zu dieser Art zu gehören, obgleich es nicht völlig zu Saussure's Beschreibung passt, indem besonders das erste Abdominalsegment nicht so ausserordentlich grob punktirt ist, wie es nach Saussure wohl sein musste.

Saussure's Beschreibung lautet l. c: „Insecte très grêle. Chaperon tronqué presque droit. Prothorax rebordé; concavité du métathorax bien limité, forte; tête et corselet très ponctués, mais le premier segment de l'abdomen encore plus rugueux ainsi que le metathorax; son bord assez épais mais point épaissi en bourrelet; le deuxième segment ponctué. Insecte noir; un point entre les antennes, et le bord des deux premiers segments de l'abdomen, jaunes. Thorax entièrement noir. Pattes noires; tibias jaunes, leurs bouts et les tarses noirâtres. Ailes enfumées."

♂. Der vorhergehenden Art ähnlich. Behaarung viel dichter und länger, graubraun. Ausrandung des Kopfschildes tief und breit. Thorax kürzer als bei den vorhergehenden Arten, nach vorn nur wenig verschmälert. Pronotum vorn durch eine convexe Linie begrenzt, auf der ganzen Breite mit einem leichten Rande versehen, seitlich in ziemlich starke Dörnchen auslaufend. Hinterschildchen weniger geneigt, deutlich in eine horizontale und eine verticale Parthie, wenn auch nicht durch eine scharfe Kante getrennt. Concavität des Metathorax unmittelbar hinter dem Hinterschildchen abfallend; Concavität selbst stark concav. Obere Kante abgerundet, untere deutlich, ziemlich scharf, leicht vorspringend. Seitliche Kante mässig scharf, obere Seitenfläche des Metathorax und obere Parthie der untern Seitenfläche sehr grob runzlig punktirt. Mesopleuren sehr dicht punktirt. Abdomen schlank. Erstes Segment ca. $^2/_3$ so lang als am Hinterrande breit, etwas länger als bei Chevrieranus; sehr dicht, mässig grob punktirt, gegen die Basis und die Seiten runzlig; in der Medianlinie ein kleiner Längseindruck. Sculptur viel feiner als bei Chevrieranus. Bildung des zweiten Ventralsegmentes ähnlich wie bei dieser letztern Art. Flügel mässig getrübt.

♂. Schwarz mit sattgelben Zeichnungen. Am Kopf sind gelb: Kopfschild mit Ausnahme eines schwarzen basalen Saumes, ein Punkt zwischen den Fühlern und einer hinter jedem Auge, sowie die Aussenseite der Fühler. Fühlergeissel schwarz; Fühlerschaft nur mit einem ganz kleinen gelben Punkt an der Unterseite. Thorax mit Ausnahme zweier ganz kleiner Punkte am Prothorax schwarz; Flügelschüppchen schwarz. Zwei regelmässige, schmale, gelbe Abdominalbinden, deren zweite über den Bauch fortgesetzt ist. Beine von den Knieen an gelb, sämmtliche Schienen hinten schwarz gestreift.

<small>O. parisiensis Sauss. bildet gewissermassen den Uebergang von der Gruppe minutus zu xanthomelas, mit der erstern hat er die Form des Metathorax, mit der letztern das scharfkantige Pronotum, die schlanke Gestalt, die gestreckte Form des Abdomens gemein. Ausgezeichnet ist er durch das gerandete Pronotum, den unten beim ♀ beinahe gerade abgestutzten (Saussure), beim ♂ tiefausgerandeten Kopfschild.

Kommt in Frankreich vor. Mein ♂ wurde im Juli bei Stalden gefangen.</small>

IV. Untergattung.
Microdynerus Thomson.
Hymen. Scand. pag. 58 — André Gruppe VII.

Fühler gegen das Ende keulenförmig verdickt, in Gruben eingefügt. Zweites Glied gegen das Ende verdickt, nicht oder wenig kürzer als das dritte; beim ♂ die beiden Endglieder verdünnt, letztes hakenförmig gegen die Basis des 11. Gliedes zurückgeschlagen. Kopf ohne Grube hinter den Ocellen, beim ♀ viel höher als breit, beim ♂ rund. Thorax meist sehr viel länger als breit, Pronotum gerandet. Seitenecken in mehr oder weniger scharfe Dorne ausgezogen. Hinterschildchen eine grosse, aufrechtstehende Lamelle bildend. Metathorax seitlich meist abgerundet oder nur schwach gerandet. Mesosternum seitlich abgerundet, nicht durch eine erhabene Naht von den Mesopleuren abgegrenzt. Abdomen spindelförmig. Erstes Segment trichterförmig; Hinterrand desselben einen callösen Wulst darstellend. Zweites Segment mit membranösem Endsaum (d. h. das innere Blatt der Rücken- resp. Bauchplatte überragt das hintere Ende des äussern Blattes). Zweites Ventralsegment in der Längsrichtung gleichmässig gewölbt. Meist nur zwei weisse Abdominalbinden.

Thomson bildete die Gattung Microdynerus aus den Arten O. alpestris Sauss., helvetius Sauss., exilis Sauss. und nennt als Hauptkennzeichen den längsovalen Kopf, das relativ lange zweite Fühlerglied, den callös verdickten Hinterrand des ersten, den membranös verdünnten Endrand des zweiten Abdominalsegmentes. André bezeichnet als Hauptmerkmal seiner Gruppe VII. das quadratische Schildchen. Dadurch erhält das Subgenus Microdynerus eine andere, meiner Meinung nach bessere Umschreibung. O. alpestris, sowie der ihm sehr nahe stehende O. tarsatus nähern sich zwar durch die keulenförmigen Fühler, das lamellenartig erhabene Hinterschildchen, die Bildung des Hinterrandes des ersten und zweiten Abdominalsegmentes den ächten Microdyneris, aber sie bekunden doch durch die wenig gestreckte, mehr gedrungene Körperform, die Sculptur, rundliche Form des Kopfes, die Länge des zweiten Fühlergliedes, das ungerandete Pronotum, das rechteckige Schildchen, die Form des ganzen Abdomens und speziell des ersten Abdominalsegmentes und die Färbung eine nähere Verwandtschaft mit den Subgenus Lionotus. Lediglich aus Opportunitätsgründen zieht Frey-Gessner den Od. tarsatus zum Subgenus Microdynerus[1]).

Diese Untergattung ist von den benachbarten durch die angegebenen Merkmale scharf abgetrennt.

---

[1]) Anmerkung. Der leider am 17. Dezember 1896 verstorbene vorzügliche Hymenopterologe F. Morawitz hat in seiner letzten (mir erst nach Drucklegung dieser Arbeit zugekommenen) Publikation (Materialien zu einer Vespidenfauna des russischen Reiches, St. Petersburg, 1895) Microdynerus im Thomson'schen Sinne aufgefasst. So umfasst das Subgenuss 13 palaearctische Arten.

Die Arten werden unterschieden hauptsächlich durch die Sculptur im Allgemeinen, besonders diejenige des Metathorax und des ersten Abdominalsegmentes, die vorhandenen oder fehlenden Kanten des Metathorax, die Form der Kopfschildausrandung und die bei diesen Arten ziemlich constante Färbung.

Ausser den schweizerischen Arten sind noch eine südeuropäisch-algierische, zwei asiatische und zwei nordamerikanische Arten bekannt.

Bestimmungstabelle der Arten.

♀.

1. Kopf sehr gross, hinter den Augen breiter werdend; Stirne stark gewölbt mit einer von den Ocellen bis zum Kopfschild reichenden Längsrinne. Kopfschild tief und breit ausgerandet. Pronotum, Mesopleuren und Schildchen weiss gefleckt. 32. **O. helvetius** Sauss.
— Stirn weniger gewölbt, ohne Längsrinne; Kopfschild viel weniger tief ausgerandet. Schildchen schwarz 2
2. Metathorax durchweg sehr fein sculpturirt, seitlich abgerundet 3
— Seiten des Metathorax gegen das Hinterschildchen hin sehr grob runzlig punktirt. Metathorax gerandet. Erstes Abdominalsegment grob runzlig punktirt 4
3. Pronotum mit schmaler, in der Mitte unterbrochener, weisser Binde. Flügelschuppen weiss, mit dunkelbraunem Mittelfleck. Pronotum vorn leicht gerandet. Erstes Abdominalsegment stark glänzend, sehr zerstreute, seichte Punkte tragend. Endsaum mässig verdickt, mit elfenbeinweisser Binde.
33. **O. nugdunensis** Sauss.
— Pronotum und Flügelschuppen schwarz, letztere mit ganz kleinen gelben Fleckchen vorn am Aussenrande. Pronotum mit einem breiten, kragenartigen Rande. Erstes Abdominalsegment weniger glänzend, besonders an den Seiten viel dichter und gröber punktirt; Endsaum stark wulstig verdickt; Binde weisslich-gelb. 34. **O. patagiatus** nov. sp.
4. Erstes Abdominalsegment unten und auf den Seiten roth. Kopfschild ausgerandet. Thorax mässig dicht punktirt. 35. **O. timidus** Sauss.

— Erstes Abdominalsegment ohne rothe Farbe. Kopfschild unten gerade abgestutzt. Thorax dicht punktirt.   36. **O. exilis** H.-Sch.

♂.

1. Schienen und Tarsen gelb, erstere nur auf der Hinterseite schwarz gefleckt. Metathorax sehr fein sculptirt, seitlich abgerundet 2
— Schienen und Tarsen nur an der Basis gelb, am Ende sowie die Tarsen braun bis schwarz. Metathorax seitlich gegen das Hinterschildchen hin grobrunzlig punktirt; Concavität seitlich gerandet . . 3
2. Kopfschild flach ausgerandet, Tibien hinten mit schwarzem oder dunkelbraunem Streif.
             32. **O. helvetius** Sauss.
— Kopfschild ziemlich tief und breit ausgerandet, Tibien und Tarsen ganz gelb.   33. **O. nugdunensis** Sauss.
3. Unterseite des Fühlerschaftes schwarz; Ausrandung des Kopfschildes sehr seicht.   35. **O. timidus** Sauss.
— Unterseite des Fühlerschaftes mit weissem Streif. Ausrandung des Kopfschildes mässig tief.
             36. **O. exilis** H.-Sch.

32. O. helvetius Sauss.

O. helvetius Sauss. III. 295. Pl. XIII. 66 a. — Schenk 78.
Microd. helvetius Thomson 59. — André 732.
O. parvulus Herrich-Schäffer. F. G. 154. 19 e. tab.
    ♀ $6-6^{1}/_{2}$ mm. ♂ $5-6$ mm.

  Sehr schlankes Thier; Kopfschild tief und breit ausgerandet. Ausrandung fast so tief wie die Entfernung der die Ausrandung begrenzenden Dornspitzchen. Rand des Kopfschildes seitlich aufgeworfen. Stirne sehr hoch und breit, stark gewölbt, mit einer starken Längsfurche, die vom vordern Netzauge bis zur Basis des Kopfschildes reicht. Kopf glänzend, spärlich und zerstreut punktirt. Zwischenräume zwischen den Punkten selbst äusserst fein punktirt. Kopf hinter den Augen verbreitert, Schläfen sehr breit, mit gröberen Punkten sehr spärlich, mit feineren sehr dicht besetzt, daher matt. Thorax sehr schlank, nach vorn mässig verschmälert. Pronotum vorn leicht gerandet, seitlich in deutliche Dornspitzchen auslaufend. Punktirung ähnlich wie am Kopf, doch stärker, die gröbern Punkte dichter, besonders auf dem Schildchen. Kante des Hinterschildchens nur mässig erhaben, sehr fein gezähnt; Hinterseite desselben oben grob punktirt. Seiten des Pro- und Meso-Thorax matt, ähnlich sculpturirt wie das Notum; Seiten des Metathorax fein quergerunzelt, nur gegen das Hinterschildchen hin, besonders auf der Hinterfläche ganz spärliche Punkte tragend. Concavität des Metathorax deutlich ausgesprochen, fein quergerunzelt, Kanten sämmtlich abgerundet. Abdomen sehr schlank; Postpetiolus trichterförmig, so lang als am hintern Ende breit; glänzend, ohne deutliche Sculptur, mediane Grube vor dem Hinterrande ziemlich tief und lang, bis zur vordern Grenze des hintern Drittels des Postpetiolus reichend; Bauchseite regelmässig gewölbt, matt, spärlich mit gröbern, sehr dicht mit feinen Punkten besetzt. Flügel durchweg in geringem Grade rauchig getrübt; Stigma gross, wie die Nerven pechbraun.

♀. Schwarz mit elfenbeinweissen Zeichnungen. Kopf ganz schwarz. Am Thorax sind weiss: zwei grosse, weit getrennte, stark seitlich liegende Flecke auf dem Pronotum, zwei ebenfalls getrennte kleinere Flecke auf dem Schildchen und je ein Fleck auf den Mesopleuren. Flügelschüppchen schwarz mit breitem hellem Saum. Am Abdomen zwei dorsale weisse Binden, deren erste vorn dreimal gebuchtet, deren zweite seitlich etwas verbreitert ist; auf dem zweiten Ventralsegment eine mitten schmal unterbrochene seitlich, je einmal gebuchtete Binde. Vordertibien röthlich-gelb, hinten braun gestreift; Mittel- und Hintertibien an der Basis röthlich-gelb, an den Enden schwarz, Tarsen braun bis schwarz.

♂ dem ♀ ähnlich; Kopf weniger gewölbt, Stirne ohne Längsfurche. Kopfschild unten flach ausgerandet. Am Kopf sind weiss: die Aussenseite der Kiefer, das Kopfschild, ein schmaler Streif an der Unterseite des Fühlerschaftes. Unterseite der Fühlergeisel blass, braun-gelblich bis weisslich. Die weissen Flecke auf dem Schildchen fehlen hie und da. Kniee, Tarsen und Schienen gelblichweiss, letztere hinten mit schwarzem Streif.

O. helvetius ist leicht kenntlich an der Kleinheit, der schlanken Gestalt, der spärlichen Punktirung au Kopf und Thorax, der feinen Querrunzelung der Hinterfläche des Metathorax, deren Kanten abgerundet sind, der Sculptur der obern Parthie der Seitenfläche des Metathorax sowie der Anwesenheit heller Flecken auf dem Schildchen und den Mesopleuren, das ♀ überdies am grossen Kopf und seiner Längsrinne, das ♂ an der flachen Kopfschildausrandung und den von den Knieen an hell gefärbten Beinen, deren Schienen hinten schwarz gestreift sind.

O. helvetius ist bekannt aus Mitteleuropa; Norddeutschland (Weissenburg, Tharandt), Paris, Sicilien, Sarepta-Wolga, in der Schweiz selten. Martigny VI., Stalden VII., Jura bei Nyon.

33. O. nugdunensis Sauss.

O. nugdunensis Sauss. III. 293, Pl. XIII. 4. — Schenk 78. — André 733.
♂ ♀ 7 mm.

Gestalt viel weniger schlank als bei helvetius. Kopfschild breiter als lang, unten breit, jedoch nur wenig tief ausgerandet, Seitenrand aufgeworfen. Kopf und Thorax mässig dicht von gröbern Punkten besetzt, immerhin viel dichter als bei helvetius; Zwischenräume zwischen den Punkten sehr fein und dicht punktirt. Stirn mässig gewölbt, ohne Furche; Kopf hinter den Augen mässig verbreitert. Thorax nicht auffallend schlank, nach vorn deutlich verschmälert. Pronotum schwach gerandet; Rand gegen die Mitte undeutlich, an den Seiten scharfe nach vorn gerichtete Dörnchen bildend; Hinterschildchen mässig leistenartig erhaben, Kante leicht gezähnelt. Mesopleuren matt, mit groben Punkten spärlicher besät als das Dorsulum, im übrigen sehr dicht und fein punktirt. Seiten des Metathorax fein parallel gerunzelt, nur im obern Seitenfeld vereinzelte grobe Punkte. Concavität deutlich, ohne Sculptur, stark glänzend. Kanten abgerundet. Abdomen viel weniger schlank als bei helvetius. Postpetiolus trichterförmig, kürzer als am hintern Ende breit, glänzend, nur vereinzelte grobe Punkte tragend. Mediane Grube vor dem flachen, kaum verdickten Hinterrande ziemlich tief und lang, beinahe die Mitte der Länge des Postpetiolus erreichend. Zweites Ventralsegment stark und regelmässig gewölbt, matt, spärlich mit gröbern, sehr dicht mit feinsten Punkten besetzt. Flügel gleichmässig schwach rauchig getrübt, Stigma gross, wie die Nerven pechbraun.

♀ Schwarz mit elfenbeinweisser Zeichnung. Kopf schwarz, Mandibeln aussen, oft nur gegen das Ende hin bräunlich. Am Thorax sind weiss: zwei streifenförmige, näher der Medianlinie liegende Flecke des Pronotums und ein breiter Saum des Flügelschüppchens; am Abdomen: zwei schmale, vorn dreimal gebuchtete, seitlich leicht verbreiterte dorsale und eine, mitten hie und da unterbrochene, seitlich je einmal gebuchtete ventrale Binde. Beine schwarz, Kniee weisslich, Vordertibien auf der Vorderseite, Mittel- und Hintertibien an der Basis mehr oder weniger gelb bis rothgelb. Tarsen oft ganz schwarz, oft röthlich.

♂ dem ♀ ähnlich. Kopfschild tief halbkreisförmig ausgerandet. Aussenseite der Kiefer, Unterseite des Fühlerschaftes und Kopfschild weiss; letzterer hie und da in der Mitte mit schwarzem Fleck. Unterseite der Fühler gegen das Ende hin, sowie der Hacken röthlich. Weisse Streifen des Prothorax oft bis zur Seitenecke reichend. Hüften vorn weiss gefleckt, Beine von den Knieen an hellgelb.

O. nugdunensis zeichnet sich aus durch die Sculptur des Postpetiolus, die glatte, glänzende Concavität des Metathorax, deren Kanten abgerundet sind, und die spärliche weisse Färbung des Thorax; das ♂ überdies durch die tiefe Ausrandung des Kopfschildes, die helle Färbung der Unterseite des Fühlerschaftes und der Beine, deren Schienen nicht dunkel gestreift sind.

Vorkommen: Mitteleuropa bis Paris, Kösen, Belgrad, Modena (III). Bei uns häufiger als die vorhergehende Art. Zürich, Bern, Belp etc., Weissenburg (bis 800 m.) Wallis VI., VII. — Nyon, Genf.

34. O. patagiatus nov. sp.
(Patagium der Kragen.)
♂ 6½—7 mm.

Gestalt schlank. Kopf und Thorax dichter punktirt als bei helvetius, ähnlich wie bei nugdunensis; Kopf hinter den Augen nicht verbreitert. Kopfschild breiter als lang, kissenartig gewölbt, unten schmal und wenig tief ausgeschnitten, Seitenrand aufgeworfen. Thorax schlank, viel gestreckter als bei nugdunensis, nach vorn und hinten kaum verschmälert. Prothorax vorn und auf den Seiten mit einem hohen kragenartigen Rande versehen, der in der Mittellinie eine schmale Einsenkung zeigt. Auf den Seiten des Pronotum bildet dieser Rand kleine seitlich gerichtete Dorne. Mesopleuren und namentlich das Schildchen dichter mit groben Punkten besetzt als bei den vorhergehenden Arten. Hinterschildchenkante mässig erhaben, durch auf der Kante befindliche grobe Punkte leicht gezähnt. Seiten und Hinterfläche des Metathorax regelmässig parallel quergerunzelt, nur im obern Seitenfeld vereinzelte grobe Punkte. Concavität deutlich, leicht quergerunzelt. Kanten abgerundet. Abdomen ziemlich schlank, gestreckter als bei nugdunensis, etwas breiter und plumper als bei helvetius. Postpetiolus kegelförmig, nicht ganz so lang als am hintern Ende breit, mässig dicht grob punktirt; immerhin feiner und viel spärlicher als bei den folgenden Arten. Hinterrand des ersten Segmentes deutlich schnurartig verdickt, stärker erhaben als bei den vorhergehenden Arten; Grube vor demselben tief aber wenig lang. Zweites Abdominalsegment langgestreckt; vereinzelte grobe Punkte tragend. Zweites Ventralsegment gleichmässig stark gewölbt, matt, mit groben Punkten spärlich, mit sehr feinen sehr dicht besetzt. Flügel durchweg leicht rauchig getrübt. Stigma und Nerven pechbraun.

♀. Schwarz mit spärlichen, weisslich-gelben Zeichnungen. Kopf und Thorax ganz schwarz mit Ausnahme eines kleinen hellgelben Punktes am Vorderrand des Flügelschüppchens und des roth-braunen Endes der Kiefer. Auf dem ersten Segment eine regelmässige, schmale, weisslich-gelbe Binde, auf dem zweiten eine in der Mitte ganz schmal unterbrochene, seitlich verbreiterte weissliche Binde, welche auf der Bauchseite durch eine in der Mitte breit unterbrochene Binde oder durch seitliche Flecke angedeutet ist. Beine schwarz; Knie, Basis der Schienen und Vorderseite der Vorderschienen gelb. Tarsen dunkelbraun.

♂ unbekannt.

Diese Art zeichnet sich aus durch den ganz schwarzen Thorax, den kragenförmig aufgestülpten Saum am Vorderrand des Pronotums, die Sculptur des obern Seitenfeldes des Metathorax und seiner Concavität, die nicht von scharfen Rauden begrenzt ist und die Sculptur des Postpetiolus. — 2 ♀, Lugano 25. VI. und Monte Carrasso bei Bellinzona 4. VII.

35. O. timidus Sauss.

O. timidus Sauss. III. 296. — Schenck 79. — André 731.
♀ ♂ 6 mm.

Schlankes Thierchen, schlanker als nugdunensis, gedrungener als helvetius. Punktirung von Kopf und Thorax dichter als bei nugdunensis, immerhin sind die Punkte kleiner als die sehr fein und dicht punktirten Zwischenräume. Kopfschild breiter als lang, unten sehr schmal ausgerandet, ziemlich gewölbt, unregelmässig gerunzelt und mit grossen und kleinen Punkten besetzt. Seitenrand des Kopfschildes leicht aufgeworfen. Stirn mässig gewölbt, ohne Furche. Kopf hinter den Augen nicht verbreitert. Thorax mässig schlank, nach vorn mässig verschmälert. Pronotum vorn ganz schwach gerandet, Ecken in leicht seitlich gerichtete Dörnchen ausgezogen. Hinterschildchen eine schwach erhabene, in der Mitte leicht gebuchtete Kante bildend. Mesopleuren mit groben Punkten viel spärlicher besetzt als das Dorsulum. Seiten des Metathorax dicht parallel gerunzelt, hintere obere an die Seitenkante anstossende Parthie mit vereinzelten groben Punkten; oberes Seitenfeld des Metathorax sehr dicht und grob runzlig punktirt. Concavität des Metathorax ohne deutliche Sculptur, ringsum deutlich gerandet, doch nicht mit scharfer Kante versehen. Zwischen Hinterschildchen und oberm Ende der Concavität eine schmale, fast horizontale, grobrunzlig punktirte Parthie. Abdomen mässig schlank. Postpetiolus schalenförmig, deutlich kürzer als am Hinterrande breit, durchweg unregelmässig grob runzlig punktirt. Hinterrand des ersten Segmentes in geringem Grade wulstig, Grube vor demselben seicht und besonders kurz. Zweites Segment ohne deutliche Sculptur. Zweites Ventralsegment gleichmässig gewölbt; Punktirung wie bei den andern Arten. Flügel leicht getrübt.

♀. Schwarz mit elfenbeinweissen Zeichnungen. Ende der

Kiefer und Unterseite der Fühlergeissel röthlich bis braun; zwei Flecke auf dem Pronotum, der Vorderrand der Flügelschüppchen, auf Segment eins eine schmale, auf Segment zwei eine relativ breite, vorn dreimal gebuchtete, seitlich etwas verbreiterte Binde elfenbeinweiss; zweites Ventralsegment mit ebensolcher in der Mitte meist breit unterbrochener Binde. Erstes Abdominalsegment unten und auf den Seiten, sowie hie und da auch die Basis des zweiten seitlich in mehr oder weniger grosser Ausdehnung kupferroth. Beine schwarz, Kniee, Vordertibien und Metatarsen, Basis und Ende der übrigen Tibien gelbroth. Vorderseite der Vordertibien mit braunem Streif. Tarsen braun.

♂ dem ♀ ähnlich. Kopfschild unten sehr wenig ausgerandet; weiss. Hie und da ein weisser Punkt auf der Aussenseite der Kiefer. Fühlerschaft unten schwarz, die drei bis vier letzten Geisselglieder auf der Unterseite hellröthlich bis lehmgelb. Rand der Flügelschuppe ringsum weiss, Schienen in grösserer Ausdehnung hell und zwar weiss gefärbt. Abdomen fast stets ohne roth.

Das ♀ ist leicht kenntlich an der rothen Färbung des ersten Abdominalsegments, ausserdem an dem grobrunzlig punktirten Seitenfeld des Metathorax, dem grobpunktirten schalenförmigen Postpetiolus und der Vertheilung der weissen Farbe; das ♂ überdies am ganz schwarzen Fühlerschaft, vergl. auch O. exilis.

Wie alle Microdyneri selten und vereinzelt. Mitteleuropa. (Paris, Leipzig, VI. u. VIII., Wien, Budapest.) In der Schweiz bekannt von Zürich (14. VII.), Martigny VI., Siders VI., VIII. Nistet nach Giraud in Rubusstengeln.

36. O. exilis Herrich-Schäffer.

O. exilis Hch.-Schäffer. F. G. 173, 32; 176, tab. 5 ♀. 8 c.♂. — Sauss. III. 292. — Schenck 77. — André 730, 733.
Grösse ♀ 7 mm. ♂ 5,5 mm.

Schlankes Thierchen; Kopf hinter den Augen nicht verbreitert. Stirn stark gewölbt, ohne Rinne, grobe Punkte etwas dichter als bei den vorhergehenden Arten; Kopfschild breiter als lang, mässig gewölbt, unten nur sehr wenig ausgerandet, ohne Dornspitzchen neben der Ausrandung; Seitenrand etwas aufgeworfen. Thorax schlank, nach hinten nur wenig verschmälert. Pronotum vorn leicht gerundet, oben und auf den Seiten dicht punktirt, viel dichter als bei den andern Microdyneris. Die glänzenden, mit feinsten Punkten besetzten Zwischenräume kaum grösser als die Zwischenräume selbst. Seitenecken des Pronotums in kleine seitlich gerichtete Dörnchen ausgezogen. Mesonotum und Schildchen mässig dicht, Mesopleuren viel zerstreuter punktirt. Seiten des Metathorax regelmässig quergestreift, nach hinten und oben gegen die Seitenkante hin punktirt; oberes Seitenfeld des Metathorax sehr grob und dicht runzlig punktirt, Concavität des Metathorax ringsum gerandet, aber nicht mit scharfer Kante versehen. Eine horizontale Parthie zwischen Hinterschildchen und Concavität ist nicht vorhanden. Kante des Hinterschildchens nur wenig erhaben. Abdomen mässig schlank; Postpetiolus etwas kürzer als am Hinterrande breit, durchweg ziemlich dicht und grob, zweites Segment viel spärlicher und seichter punktirt: beide jedoch dichter und gröber als bei O. timidus. Hinterrand des ersten Segments ziemlich stark gewulstet, Grübchen davor ziemlich tief, kurz; zweites Ventralsegment wie bei den übrigen Microdyneris; Flügel leicht rauchig getrübt.

♀. Schwarz mit weisslichen Zeichnungen. Weisslich sind: zwei getrennte Flecke auf dem Pronotum, der Vorderrand des Flügelschüppchens, eine schmale, vorn in der Mitte eingebuchtete Binde auf dem ersten und zweiten Abdominalsegment, deren zweite nach den Seiten etwas verbreitert und an der Unterseite meist nur seitlich angedeutet ist. Ende der Kiefer rothbraun, Beine schwarz, Knice, Basis und Ende der Schienen sowie Vorderseite der Vorderschienen braungelb.

♂ dem ♀ ähnlich. Kopfschild unten ziemlich breit und mässig tief ausgerandet. Tiefe der Ausrandung mehr als die Hälfte der Entfernung der langen Dornspitzchen neben der Ausrandung betragend. Spitze der Kiefer roth, Unterseite der Fühlergeissel in mehr oder grosser weniger Ausdehnung blass lehmgelb. Weiss sind: ein schmaler Streif auf der Aussenseite der Kiefer, ein schmaler, oft abgekürzter Streif an der Unterseite der Fühler und der Kopfschild, letzterer trägt hie und da in der Mitte 1—2 schwarze Flecke. Thorax und Abdomen wie beim ♀, doch fehlen ab und zu die Flecke auf dem Prothorax und die Ventralbinde ist meist nur ganz schmal unterbrochen. Beine schwarz, Hüften vorn oft gelb gefleckt. Tibien und Tarsen in grösserer Ausdehnung heller gefärbt als beim ♀.

O. exilis unterscheidet sich von den übrigen Arten durch die dichte Punktirung von Pronotum, Metathorax und Postpetiolus und die seichte Ausrandung des Kopfschildes; von timidus noch durch die Farbe des ersten Abdominalsegmentes: das ♂ durch die tiefe Ausrandung des Kopfschildes und den weissen Streif an der Unterseite des Fühlerschaftes.

Mitteleuropa bis Norddeutschland (Hannover, Leipzig VI., VII.), Russland (Sarepta), südlich bis Mallorca, IV., V. In der Schweiz vereinzelt. Lyss VII., Genthod VI. Wallis, auf Umbelliferen. — Wurde von Rudow aus einem Stengel der Achillea millefolium L. erzogen.

V. Untergattung.
Hoplopus Wesmael, Saussure, Schenck.

Epipona Kirby, Schenck.
Hoplomerus, Westwood, Mor., Thoms.
Gruppe IX, André.

Beim ♂ sind die letzten Fühlerglieder spiralförmig umgerollt, das letzte plattgedrückt und zurückgeschlagen. Kopfschild des ♂ tief ausgerandet mit scharfen Ecken neben der Ausrandung. Der Thorax ist ungefähr so lang als breit, sehr dicht, meist grobrunzlig punktirt. Der Metathorax ist seitlich abgerundet, das Schildchen breiter als lang. Erstes Abdominalsegment ohne Querfurche, schalenförmig, meist mit einem schwachen dorsalen Längseindruck, unregelmässig runzlig punktirt, die übrigen Segmente oft von feinem Toment bedeckt. Die Hüften und Beine des ♂ sind oft gezähnt.

Die Unterscheidung der ziemlich conformen ♀ stützt sich auf die Form und Ausrandung des Kopfschildes und sodann auf die Sculptur besonders auch des zweiten Ventralsegmentes und schliesslich auf die hier relativ constante Färbung. Um so reicher an plastischen Merkmalen sind die ♂, deren Hüften und Schenkel ein vorzügliches Eintheilungsprincip bieten. Gruppe 1. Hüften und Schenkel unbewehrt (spiricornis Spinola). Gruppe 2. Schenkel unbewehrt, Mittelhüften und Wangen (ob stets?) bedornt (reniformis Gmel. etc). Gruppe 3. Mittelschenkel bedornt (spinipes L. etc.). Gruppe 4. Vorderschenkel bedornt (Caroli, Mor. [Algier]). Ausserdem kommen besonders noch in Betracht die Sculptur und Behaarung der Ventralsegmente, sowie die sehr constante Färbung der Fühlergeissel.

Diese Untergattung umfasst etwas über 40 Arten, von denen 2 der nearctischen, eine der aethiopischen, die übrigen der palaearctischen Region angehören.

Bestimmungstabelle der Arten.
♀.

1. Kopfschild tief, halbkreisförmig ausgerandet, viel breiter als lang, oben mit gelber, oft mitten unterbrochener Binde. Zweites Ventralsegment dicht punktirt.   37. O. laevipes Shuck.
— Kopfschild unten gerade abgestutzt oder sehr schwach ausgerandet 2
2. Zweites Ventralsegment überall deutlich und dicht punktirt, daher wenig glänzend. Kopfschild an der Basis, Seiten des Thorax, Schildchen oder Hinterschildchen und meist auch der Metathorax gelb gezeichnet 4
— Zweites Ventralsegment nur seitlich punktirt, oder auch am vordern Rande (melanocephalus), in der

Mitte punktlos, stark glänzend. Kopfschild (melanocephalus macht hie und da eine Ausnahme), Seiten des Thorax und Metathorax ohne gelbe Zeichnung 4

3. Grosse Thiere; 14—17 mm. Concavität des Metathorax fast glatt, glänzend. Kopf und Thorax dicht, hellröthlich behaart.   38. **O. spiricornis** Spin.

— Kleinere Thiere; 10—12 mm.; Concavität des Metathorax grob diagonal gerunzelt. Behaarung an Kopf und Thorax viel weniger dicht, dunkler.
         39. **O. reniformis** Gmel.

4. Behaarung des Kopfes ziemlich dicht, vollkommen schwarz. Kopfschild nur wenig breiter als lang, unten schwach ausgerandet. Oberlippe in der Ausrandung kaum bemerkbar. Innerer Augenrand vom Kopfschilde bis zum Fühleransatz schmal gelb gesäumt. Fühlerschaft unten meist ganz schwarz, ebenso die Fühlergeissel. Färbung der Abdominalbinden rein gelb, bei der alpinen Varietät alpinus Mor. rein weiss. 10—12 mm.   40. **O. spinipes** L.

— Behaarung des Kopfes weniger dicht, röthlich grau. Kopfschild viel breiter als lang, unten fast gerade abgestutzt. Fühlerschaft unten der ganzen Länge nach mit gelbem Streif, Geissel unten röthlichgelb. Färbung der Binden des Abdomens gelblich-weiss; 8—10 mm.   41. **O. melanocephalus** Gmel.

$\male$.

1. Mittelhüften sowie die Unterseite der Wangen zunächst dem Kieferansatz einen hellgefärbten Dornfortsatz tragend.   39. **O. reniformis** Gmel.

— Mittelhüften und Wangen unbewehrt 2

2. Schenkel des mittleren Beinpaares unbewehrt . . 3
— Schenkel des mittleren Beinpaares mit drei Zähnen 4

3. Grosse Thiere; 13—15 mm. Concavität des Metathorax fast glatt, glänzend. Schenkel comprimirt. Mittelschenkel etwas oberhalb des untern Endes verdickt. Hinterrand der Ventralsegmente 3—5 bewimpert.   38. **O. spiricornis** Spin.

— Kleinere Thiere; circa 9 mm. Concavität des Metathorax diagonal gerunzelt. Alle Schenkel cylindrisch. Hinterrand der Ventralsegmente ohne Wimpern.
         37. **O. laevipes** Shuck.

4. Der zweite Zahn der Mittelschenkel ist schräg ab-

gestutzt, die Erweiterung der Mittelschienen im Profil bogenförmig. Zweites Ventralsegment ohne medianen Längskiel. Umgerollter Theil der Fühler schwarz. Gelbe Zeichnung des Pronotums ziemlich breit, die Ecken des Pronotums erreichend. (Fig. 19.)
40. **O. spinipes** L.

— Der zweite Zahn ist spitz, die Erweiterung der Mittelschienen im Profil winklig. Zweites Ventralsegment stets mit medianem Längskiel. Umgerollte Theile der Fühler mehr oder weniger hell gefärbt. Gelbe Zeichnung des Pronotums schmal, seitlich abgekürzt. (Fig. 20.) 41. **O. melanocephalus** Gmel.

Beschreibung der Arten.
37. O. laevipes Shuckh.

O. laevipes Shuckh., Saussure I. 228; III. 308. — Schenk 87. — Thomson 47. — André ♂ 756; ♀ 785.
O. cognatus Dufour. Ann. Sc. nat. 2. sér. XI. 1839, pag. 92.
O. rubicola Dufour., eod. loco, pag. 102.
Pt. simplicipes Herrich-Schäffer. F. G. 173, pag. 4, tab. 18 ♂.
O. reniformis Lep. II. 606 (exclus. ♂).
O. scandinavus Sauss. III. 314; Pl. XV. 10 ♂.
Länge: ♀ 9—11 mm; ♂ 9 mm.

Kopf und Thorax, sowie das erste Abdominalsegment mässig reichlich röthlich-grau behaart. Kopf gross, breiter als der Thorax, hinter den Augen erweitert, sehr dicht runzlig punktirt. Oberkiefer mit starken, scharfen, durch tiefe Einschnitte von einander getrennten Zähnen. Kopfschild bei ♂ und ♀ dicht punktirt, nach unten grob längsrunzlig, viel breiter als lang, am untern Ende sehr tief, bogenförmig ausgerandet mit zwei scharfen Spitzchen neben der Ausrandung. Thorax nur wenig länger als breit, sehr dicht, grob punktirt. Pleuren ebenfalls dicht, aber feiner punktirt. Schildchen und Hinterschildchen median sanft eingedrückt. Abschüssige Parthie des letztern grobpunktirt; die Concavität und Seite des Metathorax matt, grob runzlig, Postpetiolus unregelmässig und grobrunzlig punktirt, am Hinterrande eine schwache Andeutung einer medianen Längsfurche. Abdominalsegment zwei bis sechs mit feinnem Toment bedeckt. Zweites Ventralsegment seitlich sehr dicht, in der Mitte zerstreut fein punktirt. Flügel in der Humeralzelle gelblich, in der Radialzelle und am ganzen äussern Rande rauchig getrübt, iridisirend. Nerven und Stigma hellbraun.

♀. Schwarz mit gelben Zeichnungen. Kopfschild schwarz, an der Basis mit gelber, in der Mitte unterbrochener Querbinde. Am Kopf ist ausserdem gelb: Ein kleiner Fleck hinter jedem Auge und hie und da ein sehr kleiner in der Augenausrandung. Fühler schwarz. Am Thorax sind gelb: Eine schmale, in der Mitte unterbrochene Linie am Pronotum, ein Fleck unter dem Flügelausatz und hie und da zwei Flecke auf dem Schildchen. Flügelschuppen gelb mit dunkelbraunen Centrum. Abdomen mit 4—5 dorsalen, gelben, in der Mitte ausgebuchteten Binden, erste schmal, zweite auf der Seite nach vorn etwas erweitert; vierte und fünfte seitlich abgekürzt; sechstes Segment schwarz. Die ventrale Seite trägt auf Segment zwei eine zweifach ausgebuchtete Binde, auf Segment drei und vier ist dieselbe nur seitlich angedeutet. Hüften und Oberschenkel schwarz. Kniee und Rest der Beine dunkelgelb. Tarsen bräunlich.

♂ dem ♀ ähnlich. Kopfschild ähnlich wie beim ♀. Die aufgerollten Fühlerglieder sind fast walzig, nur wenig comprimirt, ebenso wie die Hüften und Schenkel ohne besondere Auszeichnung. Ventralsegment unbewimpert, ebenso wie die Hüften und Schenkel ohne besondere Auszeichnung. Gelbe Farbe heller als beim ♀. Obere Hälfte der Oberkiefer, Oberlippe, schmale Linie an der Unterseite des Fühlerschaftes und Kopfschild gelb. Letzterer mit schmalem schwarzem Saum. Zehntes und elftes Fühlerglied heller, röthlich bis hellgelb gefärbt. Der gelbe Fleck an den Pleuren und auf dem Schildchen fehlt sehr häufig. Sechs Abdominalbinden, meist schmaler als beim ♀. Vorderseite der Mittelhüften mit gelbem Fleck.

O. laevipes Shuckb. ♀ ist leicht kenntlich am tief ausgerandeten Kopfschild, das ♂ an den völlig unbewehrten Hüften und Schenkeln.

Nach L. Dufour's ausgezeichneten Beobachtungen nistet die Wespe in ausgehöhlten Brombeerstengeln, in denen sie serienweise zwei bis zehn Zellen aus Mörtel baut, deren jede ein Ei beherbergt. Die Nahrung besteht aus circa zwölf kleinen grünen Räupchen, die nach Audouin Larven von Phytonomus variabilis sind. Nach zehn bis zwölf Tagen ist die Larve ausgewachsen, verwandelt sich aber erst nach 10—11 Monaten zum vollkommenen Insect, welches die Puppe Ende Mai oder Anfang Juni verlässt. Giraud beobachtete als Schmarotzer Melittobia Audouini Wesm., Clyptus bimaculatus Grav. und Chrysis splendidula Rossii; Perris: Chrysis rutilans Oliv. und Dufour Chrysis violacea Pz. — Ich selbst habe die Wespe in Zürich aus hohlen Sambucusstengeln erzogen, wo sie in ganz gleicher Weise nistete.

O. laevipes Sh. findet sich in ganz Mitteleuropa bis England (Saund.) und Südschweden (Thoms.). In der Schweiz überall selten und vereinzelt, steigt bis 2000 m. (Alp Ponchette, Frey-Gessner; St. Moritz, Morawitz). V.-VII.

38. O. spiricornis Spin.

O. spiricornis Spin. — Herrich-Schäffer, F. G. 176, 17, ♂. — Sauss. III.
316. — André ♂ 760, ♀ 779.
O. discoidalis Sauss. III. 315; pl. XV, 7.
O. rugulosus Rudow. Die Faltenwespen, Arch. d. Fr. der Naturw. f. Mecklenburg 1874, S. 234.

Grösse ♀ 14—17 mm; ♂ 13—15 mm.

Das ganze Thier ziemlich reichlich, abstehend röthlichgrau behaart, etwas spärlicher vom zweiten Abdominalsegment an. Kopf so breit als der Thorax, sehr dicht, ziemlich grob punktirt. Kopfschild viel breiter als lang, beim ♀ unten fast gerade abgestutzt, besonders gegen das untere Ende grob längsrunzlig. Thorax fast kugelig, sehr dicht runzlig punktirt, nach hinten, sowie auf dem Schildchen und Hinterschildchen gröber. Abschüssige Parthie des Hinterschildchens sowie die Concavität und die Seiten des Metathorax fast ganz glatt, glänzend. Mesopleuren wie das Mesonotum sculpturirt. Auf der vordern Hälfte des Schildchens eine erhabene Längsleiste. Abdomen so lang wie Kopf und Thorax zusammen. Postpetiolus zeigt eine mediane flache, abgekürzte Längsfurche und trägt zerstreute, flache, grössere Punkte. Zwischenräume sehr fein punktirt. Die übrigen Segmente sind mit feinem Toment dicht besetzt. Das zweite Ventralsegment zeigt sehr zerstreute gröbere und dazwischen sehr dicht gedrängte feinste Punkte. Flügel an der Basis und in der Humeralzelle gelblich, nach aussen rauchig getrübt, stark metallisch schimmernd.

♀. Schwarz mit gelben Zeichnungen. Kopfschild unten schwarz, oben mit halbmondförmiger gelber Zeichnung. Die Ausbreitung dieser Farben variirt aber sehr. Am Kopf sind überdies gelb: die Unterseite der Fühler, ein Fleck zwischen denselben, der innere Augensaum bis fast in den Grund der Augenausrandung hinein und ein ovaler Fleck am hintern Augensaum. Ein Fleck vor der Spitze der Kiefer kupferroth; Unterseite des Fühlerschaftes orangeroth. Am Thorax sind gelb: Das Pronotum mit Ausnahme seiner hintern Ecken, sowie hie und da einer kleinen medianen Unterbrechung, ein grosser Fleck unter dem Flügelansatz, das Flügelschüppchen, welch' letzteres einen rothbraunen Mittelfleck trägt, zwei constante Flecke auf dem Schildchen, zwei Flecken auf dem Hinterschildchen, die sich hie und da zu einer Querlinie vereinigen, ab und zu aber auch ganz fehlen und je ein, sehr selten ganz fehlender Fleck am Metathorax. Erstes Abdominalsegment mit einer medianen, breiten, vorn tief eingebuchteten gelben Endbinde. Segment zwei bis fünf mit einer doppelt gebuchteten, seitlich nach vorn vorgezogenen Endbinde. Segment sechs mit centralem gelbem Fleck. Auf der ventralen Seite trägt Segment zwei eine zweifach gebuchtete gelbe Binde, Segment drei bis fünf seitlich nach innen zugespitzte Flecke. Obere Parthie der Schenkel schwarz, Rest der Beine gelb. Tarsen, sowie der Uebergang der schwarzen zur gelben Färbung an den Schenkeln röthlich.

♂ dem ♀ ähnlich; Kopfschild unten tief halbkreisförmig ausgerandet mit scharfen Ecken neben der Ausrandung. Die letzten Fühlerglieder stark seitlich comprimirt; untere Begrenzung des einzelnen Gliedes stark convex. Hinterrand der Ventralsegmente drei bis fünf in der medianen Parthie dicht mit langen, starken, rothen Wimpern besetzt. Schenkel, besonders am vordern und mittleren Beinpaar stark comprimirt. Der Schenkel des mittleren trägt auf der Innenseite am Beginne des untern Drittels eine starke hügelförmige Verdickung. — Färbung etwas heller als beim ♀. Oberlippe, Kopfschild, Kiefer gelb. An den letztern eine mediane Länglinie sowie das Ende schwarz. Fühlergeissel röthlich; das erste bis vierte (selten weiter) Glied oben schwarz gestreift, vom vierten an auf der innern Seite ein medianer schwarzer Fleck, die drei letzten Glieder ganz schwarz. Hinterschildchen, ebenso auch das Schildchen häufig, Metathorax meist ungefleckt. Hüften vorn gelb gefleckt, hie und da auch ganz schwarz.

O. spiricornis Spin. ist unter allen schweizerischen Arten leicht an der Grösse zu erkennen.

Ueber den Nestbau schreibt mir Hr. Paul in Siders (jetzt Sitten): H. spiricornis baut meist gesellschaftlich auf der Landstrasse, und nicht am Hang seine Nester (wie dieses z. B. spinipes L. thut) und legt vor demselben bis 3 cm. lange zierliche Trichter an. Er trägt stets nur eine Raupenart ein und hat als Schmarotzer, wie ich im letzten Sommer genügend beobachten konnte, Chrysis sybarita Först. (= analis Dhlb.) var. valesiana Frey-Gessner. Dies stimmt vollständig mit den Beobachtungen Giraud's (Ver. zool.-bot. Ges. Wien 1863), der das Thier in Piemont beobachtete. Er fand in den Nestern Larven von Lyda inanita Vill. und nennt als Schmarotzer Chrysis seguisana Gir.

O. spiricornis Spin. bewohnt den Südabhang der Alpen (Piemont und Tirol), findet sich auch hie und da vereinzelt nördlich den Alpen (Perleberg in Preussen, Budow). In der Schweiz im Wallis, um Siders ziemlich häufig. VI.–VII.

39. O. reniformis Gmel.

O. reniformis Gmel. — Wesmael 1. — Lep. II. 607 (exclus. ♀). — Sauss. I. 226; III. 307; pl. XV. 9. — Schenck 86. — Thoms. 43. — André ♂ 765; ♀ 777.
Pt. coxalis Herrich-Schäffer, F. G. 173, pg. 4, tab. 17; 176 tab. 19.

Grösse ♀ 10–12 mm.; ♂ 9–11 mm.

Kopf, Thorax und erstes Abdominalsegment reichlich abstehend röthlich behaart. Kopf so breit als der Thorax, sehr dicht, unregelmässig ziemlich grob punktirt. Hinter den Ocellen zwei kleine flache borstentragende Grübchen. Oberkiefer mit starken Zähnen. Kopfschild breiter als lang, gröber und weniger dicht punktirt als der Kopf, längsrunzlig; beim ♀ ziemlich breit aber flach bogenförmig ausgerandet, beim ♂ mit tiefer halbkreisförmiger Ausrandung und scharfen Ecken neben denselben. Thorax wenig länger als breit, ebenso wie die Seite sehr dicht, unregelmässig punktirt. Auf dem Schildchen eine schwach angedeutete mediane Längsfurche. Abschüssige Parthie des Hinterschildchens fast punktlos, glänzend. Concavität des Metathorax sowie die Seiten desselben unregelmässig diagonal gerunzelt, sehr wenig glänzend. Erstes Abdominalsegment sehr dicht unregelmässig punktirt, mediane Längsfurche deutlich; die übrigen Segmente wie bei den vorigen Arten. Zweites Ventralsegment überall dicht, sehr fein punktirt. Flügel durchweg leicht rauchig getrübt, besonders am Aussenrande. Humeralzelle gelblich.

♀. Schwarz mit sattgelben Zeichnungen. Am Kopf sind gelb: eine gebogene Linie an der Basis des Kopfschildes, ein Querfleck zwischen den Fühlern, ein Fleck hinter jedem Auge, und die Unterseite des Fühlerschaftes. Fühlergeissel schwarz. Am Thorax sind gelb: eine breite Linie am Pronotum, ein Fleck unter dem Flügelansatz, eine ziemlich breite Querbinde auf dem Hinterschildchen und je ein seitlicher Fleck auf dem Metathorax (vergl. Varietäten), sowie die Flügelschuppen, letztere mit braunem Mittelfleck. Abdomen mit vier dorsalen, vorn zweifach gebuchteten, seitlich schräg nach vorne vorgezogenen gelben Binden. Binde des fünften Segments seitlich abgekürzt. Sechstes Segment schwarz. Auf der Ventralseite ein bis zwei doppelt gebuchtete Binden, eine dritte seitlich angedeutet. Hüften und obere Hälfte der Schenkel schwarz. Rest der Beine röthlichgelb.

♂ dem ♀ ähnlich; am untern Ende der Wangen hinter dem Kieferansatz ein flacher röthlich-gelber Dorn, ein ebensolcher, hellgelb gefärbter an den Mittelhüften. Zweites Ventralsegment ohne besondere Auszeichnung. Gelbe Farbe heller als beim ♀. Kiefer, Oberlippe, Kopfschild gelb. Fühlergeisselende röthlich; an der umgerollten Parthie der apicale Saum der einzelnen Glieder hell gefärbt. Der Fleck unter dem Flügelansatz fehlt häufig. Am Abdomen eine dorsale, meist auch eine ventrale Binde mehr als beim ♀. Mittelhüften vorn gelb, ebenso der ganze Dorn.

Var. ♀ ♂. velox Sauss. (I. 228; III. 308. — Schenck 87.)
Wie die Stammform; auf dem Schildchen zwei getrennte, selten zu einer Querbinde vereinigte gelbe Flecke.

Var. ♀ ♂ **Reaumurii** Duf. (Ann. sc. nat. 2, ser. XI, p. 90.
— Sauss. I. 222; — III. 304, 307 — Schenck 87. — Dufourii Lep. II. 642.)
Wie die Stammform; Metathorax ungefleckt.

O. reniformis Gmel. ist im ♀ Geschlecht characterisirt durch die spärlichen, in der Tabelle niedergelegten Merkmale und sodann durch die reichliche gelbe Färbung besonders des Thorax (Postscutellum, Metathorax); im ♂ Geschlecht durch den Dorn an den Wangen und den Mittelhüften.
Diese Art nistet in Colonien vereinigt an der Sonne ausgesetzten Abhängen. Vor dem Nesteingang baut sie bis 8 cm. lange zierlich durchbrochene Röhren, verfertigt aus dem bei dem Graben des Nestes gewonnenen Material. Als Nahrung für die Larve trägt sie 22—24 kleine Larven (wahrscheinlich von Rüsselkäfern) ein. Die äusserst interessante Einrichtung dieses Nestes beschreibt in meisterhafter Weise J. H. Fabre (Nouveaux souvenirs entomologiques Paris 1882. pg. 77). Die Anlage des Nestes stimmt fast vollständig mit derjenigen, die Réaumur (Mem. p. servir à l'hist. des insectes, t. VI, pag. 251, Pl. 29) beschreibt. Nach Lichtenstein bezieht sich Réaumurs Beobachtung auf Symmorphus crassicornis Pz. Als Schmarotzer dieser Art wurde in der Südwestschweiz Chrysis neglecta Shuck., bei Bern Chr. viridula L. beobachtet.
O. reniformis Gmel. findet sich durch ganz Europa bis England (Saunders), Südschweden (Thoms.) und Petersburg (Mor.). Im Süden jedenfalls selten (Sicilien, Insel Syra, coll. mea). — Durch die ganze Schweiz verbreitet (Genf, Biel, Wallis, um Airolo häufig, Zürich); steigt bis 2000 m. (Alp Ponchette). Bei den ♀ herrscht die Stammform vor, während var. Réaumurii Duf. recht selten ist; bei den ♂ ist diese letztere die häufigste.

40. Odynerus spinipes L.
(Fig. 19.)

O. spinipes L. — Fab. — Panz. F. G., Fasc. 17, tab. 18. — Wesm. 6. — Lep. II. 608. — Herrich-Schäffer, F. G. Fasc. 173, 2: 176 tab. 16. ♀ u. 16 b ♂. — Sauss. I. 223; III. 305. Pl., XV. 2. — Schenck. 84. — Thoms. 45. — André ♂ 762; ♀ 790.
Grösse ♀ 10—12 mm.; ♂ 9—11 mm.

Das ganze Thier von gedrungener Gestalt, ziemlich dicht abstehend schwarz behaart; vom dritten Abdominalsegment an wird die Behaarung ganz kurz, borstenförmig und spärlicher. Kopf so breit als der Thorax, sehr dicht und fein punktirt. Hinter den Ocellen kleine haartragende Grübchen. Kopfschild nur wenig breiter als lang, beim ♀ unten seicht ausgerandet, sehr dicht und grob längsrunzlig punktirt. Thorax nur wenig länger als breit, durchweg sehr dicht, ziemlich grob punktirt, etwas gröber als der Kopf. Schildchen ohne deutlichen Längseindruck. Abschüssige Parthie des Hinterschildchens matt. Concavität und Seiten des Metathorax matt, fein gerunzelt. Erstes Abdominalsegment dicht, unregelmässig runzlig-punktirt mit schwach angedeuteter medianer Längsfurche, die übrigen wie das erste sculpturirt, aber feiner. Zweites Ventralsegment lebhaft glänzend, die mediane Parthie fast ganz glatt, nur hie und da mit einem haartragenden Punkte besetzt, die seitlichen Parthieen zerstreut-punktirt. (Starke Vergrösserungen zeigen

8

die scheinbar ganz glatten Parthieen durch feinste Linien unregelmässig facettirt.) Die übrigen Segmente mit sehr feinen Punkten dicht besetzt und dazwischen vereinzelte gröbere. Flügel in der Humeralzelle pechbraun, in der Radialzelle und am Aussenrande rauchig getrübt. Nerven an der Basis hell-, nach aussen sowie das Stigma dunkelbraun.

♀. Schwarz, mit gelben (oder weissen) Zeichnungen. Am Kopf sind gelb: Eine in der Mitte hie und da unterbrochene Querbinde zwischen den Fühlern, ein Fleck hinter jedem Auge, fast stets auch ein Punkt an der Basis des Fühlerschaftes, sehr selten ein solcher an dessen äusserm Ende und ein Streif am innern Augenrand bis zum Beginn der Augenausrandung. Fühlergeissel hie und da an der Basis unten braunroth. Taster fast ausnahmslos dunkel pechbraun gefärbt. Thorax schwarz mit Ausnahme einer ziemlich breiten gelben Binde auf dem Pronotum und den rothbraunen Flügelschuppen. Auf Segment 1—5 eine schmale, ziemlich regelmässige gelbe Binde, deren vierte und fünfte seitlich meist abgekürzt ist. Zweites Ventralsegment seitlich gelb gezeichnet. Hüften und Schenkel schwarz; Rest der Beine gelb. Vorder-, hie und da auch Mitteltibien hinten schwarz gestreift. Tarsen dunkler. Oberseite derselben braun.

♂ dem ♀ ähnlich; Behaarung ins Grauliche übergehend. Kopfschild breiter als lang, weniger grob punktirt als beim ♀, unten tief halbkreisförmig ausgerandet mit scharfen Spitzen neben der Ausrandung. Die letzten Fühlerglieder seitlich stark comprimirt. Auf dem zweiten Ventralsegment zwei seitliche, längsverlaufende, stumpfe Höcker, kein Mittelkiel. Hüften unbewehrt, Hinterrand der Mittelschenkel mit drei starken Zähnen (Fig. 19), von denen der mittlere schräg abgestutzt ist. Untere Hälfte der Mitteltibien erweitert. Das Profil der Erweiterung stellt eine bogenförmige Linie dar. — Gelbe Farbe heller als beim ♀. Oberkiefer, Oberlippe, Taster und Kopfschild gelb, letzteres hie und da in der obern Parthie schwarz. Fühlerschaft unten gelb. Fühlergeissel unten bis zur aufgerollten Parthie röthlich gelb; letztere schwarz. Am Abdomen sechs dorsale und häufig auch eine ventrale Binde, die aber oft nur seitlich angedeutet ist. Beine mit mehr Gelb als beim ♀. Mittelhüften vorn meist gelb gezeichnet.

Var. alpinus Mor. (i. litt.) Zeichnung an Kopf und Thorax gelblichweiss, am Abdomen rein weiss. Flügel viel heller als bei der Stammform.

O. spinipes L. unterscheidet sich im ♀ Geschlecht von der vorhergehenden Art durch das punktlose zweite Ventralsegment, das schwach ausgerandete Kopfschild und die Färbung, besonders am Kopfschild, Fühler und Thorax; im ♂ durch die gezähnten Mittelschenkel. Die Unterschiede von melanocephalus siehe daselbst.

Diese Art nistet in ganz ähnlicher Weise wie die vorige. Als Schmarotzer werden beobachtet Chrysis neglecta Shuck. (von Chapman u. Giraud), und bidentata L. (von Chapman), Chr. integrella Dhlb. (v. Giraud), Ellampus auratus L. (von Schenck). Ich selbst beobachtete in Zürich öfters Chr. ignita L. und Chr. neglecta Sh., sowie das Dipteron Argyromacha (Anthrax), sinuata Fall. Guédat in Tramelan erzog Chr. viridula L. und das seltene Dipt. Doros conopseus Fab.

O. spinipes L. findet sich durch ganz Europa, von Sicilien (c. m.) bis England (Saund.), ganz Schweden (Thoms.) und Petersburg (Mor.). — Ebenso zerstreut durch die ganze Schweiz; steigt bis 2000 m. (Alp Ponchette). Die var. alpinus Mor. ist auf die Alpenregion beschränkt (Saas, Steck), Alp Ponchette (c. m.), Andermatt (c. m.), Silvaplana, Fexthal (Mor.) V.—VII.

41. O. melanocephalus Gmel.
(Fig. 20.)

O. melanocephalus Gmel. — Wesm. 12. — Lep. II. 610. — Sauss. I. 224;
  III. 305, Taf. XV, 1. — Schenck 85 —. Thoms. 46 —. André ♂
  764: ♀ 776.
Pt. dentipes Herrich-Schäffer, F. G. Fasc. 173, 3; — 176 tab. 16, a. ♂.
  Grösse: ♀ 8—10 mm.; ♂ 8—9 mm.

Das ganze Thier viel graciler gebaut als bei der vorigen Art. Kopf, Thorax und erstes Abdominalsegment ziemlich dicht, abstehend, röthlich grau behaart. Kopf so breit als der Thorax, sehr dicht fein punktirt. Kleine haartragende Grübchen hinter den Ocellen. Kopfschild viel breiter als lang, beim ♀ unten fast gerade abgestutzt, dicht und fein, nach unten zu längsrunzlig punktirt, viel feiner als bei der vorhergehenden Art. Thorax nur wenig länger als breit, durchweg sehr dicht und fein punktirt. Mediane Längsfurche des Schildchens sehr undeutlich. Hinterschildchen abgerundet, in seitlicher Richtung flach oder durch eine ganz seichte mediane Furche in zwei flache seitliche Höcker abgetheilt. Seine abschüssige Parthie in der untern Hälfte fast glatt, glänzend. Concavität und Seiten des Metathorax sehr fein gerunzelt. Erstes Abdominalsegment dicht, unregelmässig runzlig punktirt. Mediane Längsfurche schwach angedeutet, die übrigen Segmente mit feinem Tomente besetzt, unter demselben ist eine sehr feine und dichte Punktirung. Zweites Ventralsegment ähnlich wie bei der vorigen Art, nur seitlich und am vordern Rande dicht punktirt, auf der Scheibe glänzend, nur wenige haartragende Punkte führend. Scheibe hier jedoch viel weniger glänzend als bei spinipes. Die übrigen Segmente wie bei der vorigen Art. Flügel in der Humeralzelle gelblich, in der Radialzelle braun, getrübt, der Rand des Flügels sehr schwach angeraucht. Basis der Adern, sowie das Stigma hell, Rest der Adern dunkelbraun.

♀. Schwarz, mit gelblich-weissen Zeichnungen. Kopf schwarz, mit einem gelblich-weissen Querfleck zwischen den

Fühlern und ebensolchen Flecken hinter den Augen. Innerer Augensaum schwarz. An der Basis des Kopfschildes sehr selten zwei getrennte gelblich weisse Querflecke. Fühlerschaft unten der ganzen Länge nach gelb, Geissel an der Unterseite rothgelb. Taster von der Farbe der Beine, rothbraun. Thorax schwarz. Pronotum mit einer ziemlich schmalen, in der Mitte breit unterbrochenen gelblichweissen Binde. Schildchen und Mesopleuren schwarz, sehr selten mit kleinem weisslichem Fleck. Flügelschuppen rothbraun mit dunkelm Mittelfleck. Abdominalsegment 1—5 mit gelblich-weisser Binde. Erste schmal, zweite auf den Seiten schräg nach vorn erweitert, vierte und fünfte seitlich abgekürzt; letztere hie und da ganz fehlend. Hüften und obere Hälfte der Schenkel schwarz. Rest der Beine roth.

♂ dem ♀ ähnlich; Kopfschild unten tief halbkreisförmig ausgeschnitten mit scharfen Ecken neben der Ausrandung. Die letzten Fühlerglieder stark seitlich comprimirt. Auf dem zweiten Ventralsegment zwei seitliche längsverlaufende stumpfe Höcker, wie bei der vorigen Art und ausserdem ein scharfer Mittelkiel. (Die Gebilde sind aber nicht absolut constant.) Hüfte unbewehrt. Hinterrand der Mittelschenkel mit drei starken Zähnen, von denen auch der mittlere spitz ist (Fig. 20). Untere Hälfte der Mitteltibien erweitert und zwar stärker als bei der vorigen Art. Profil der Erweiterung einen stumpfen Winkel bildend. — Farbe mehr gelblich als beim ♀. Oberkiefer, Oberlippe, Taster und Kopfschild gelb, letzteres oben schmal schwarz gesäumt. Innerer Augensaum meist schwarz, selten mit schmalem gelbem Streif oberhalb dem Kopfschild. Fühlerschaft unten gelb, Geissel bis zur aufgerollten Parthie unten breit fleischroth. Die einzelnen Glieder der letztern schwarz und an beiden Enden mit fleischrothem Saum, so dass die Spirale schwarz und roth geringelt erscheint. Hellgefärbte Parthie des Pronotums schmal, in der Mitte nicht unterbrochen, aber seitlich stark abgekürzt. Am Abdomen sechs dorsale und null bis drei ventrale Binden, welch letztere aber oft nur seitlich angedeutet sind. Mittel- und oft auch die Vorderhüften vorn gelb gezeichnet. Obere Hälfte der Schenkel schwarz. Rest der Beine gelb. Vordertibien hinten mit schwarzem Streif.

O. melanocephalus Gmel. ♀ unterscheidet sich von reniformis Gmel. durch die Grösse, den relativ kurzen, unten abgestutzten Kopfschild, die Structur des zweiten Ventralsegmentes und schliesslich durch die Art und die Vertheilung der Farbe; von spinipes durch den graciler Körperbau, die Art und Farbe der Behaarung, den relativ kurzen, unten abgestutzten, verhältnissmässig fein punktirten Kopfschild, sodann die helle Färbung der Unterseite von Fühlerschaft und Geissel, das Fehlen derselben am inneren Augensaum, die mitten unterbrochene helle Binde des Pronotums und die Farbe der Beine. Verwechslung mit den übrigen schweizerischen Arten ist unmöglich. Das ♂ unterscheidet sich von spinipes durch die Form des

Mittelzahnes der Mittelschenkel und der erweiterten Parthie der Mitteltibien, das Vorhandensein eines Mittelkieles auf dem zweiten Ventralsegment und schliesslich durch die Färbung der umgerollten Parthie der Fühlergeissel und des Pronotum.

Ueber den Nestbau dieser Art ist mir nichts bekannt.

Verbreitung wie bei der vorigen Art: Sicilien (Destef.) bis England (Saund.) und Südschweden (Thoms.). Oestlich bis Sarepta an der Wolga (Mor.). — In der Nordschweiz selten, häufiger um Genf und im Wallis, auch bei Lugano (Mor.); jedoch weit seltener als die vorige Art. V.—VI.

Anmerkung: Ausserdem sind noch drei Arten beschrieben, die wohl der schweizerischen Fauna angehören könnten:

O. tinniens Scop. — Herrich-Schäffer F. G. 173. p. 6, tab. 16 ♂. — Sauss. III. 317. — Schck. 83. — André ♂ 759; ♀ 780. Seit Herrich-Schäffer hat niemand mehr das Thier nach Autopsie beschrieben, ja es ist nicht einmal sicher bekannt, ob es ein Hoplopus oder ein Pterochilus ist. Der zweizähnige Kopfschild des ♂ weist es eher dem Subgenus Hoplopus zu. Die Beschreibung nach Herrich-Schäffer lautet: „Macula transversa subinterrupta inter antennas, art. 1. subtus, margo inferior incisurae oculorum, macula pone oculos, collum, squamae, macula sub alis, puncta 2 scutelli, linea postscutelli interrupta, margo posticus segmentorum 2—5 late, in 2 subtus contiguus, in 3—5 interruptus, femorum apex, tibiae et tarsae flavi.

♂: pictura corporis albida, sicut labrum, clypeus et margo posticus segmenti 6, maculaque coxarum et trochanterum; margo segmenti 2 bisinuatus, flagellum apice fulvum.

♀: clypeus flavus, macula media triloba nigra; flagellum subtus ferrugineum, pectus et metathoracis latera fulvomaculata, margo segmentorum 2—5 lateribus profunde incisus. — Von Pt. phaleratus Kl. wenig verschieden, das ♂ doppelt, das ♀ dreimal so gross. Vorderrand des Kopfschildes beim ♂ tief ausgeschnitten. Fühlerglieder 10 und 11 gelb. Oesterreich".

O. femoratus Sauss. III. 310, Pl. XV. 3. — Schenck 85. — André ♂ 764, ♀ 772.

Sehr nahe verwandt mit O. melanocephalus Gmel., aber grösser. Kopf, Thorax und Basis des Abdomens röthlich gelb behaart. Kopfschild unten etwas ausgerandet mit stärkern Ecken und weniger runzlig. Ecken des Prothorax deutlicher ausgesprochen. Auf dem Hinterschildchen ein schwacher medianer Höcker.

♀ stimmt in der Farbe mit melanocephalus überein, nur trägt die Basis des Kopfschildes eine ununterbrochene gelbe Binde, ebenso das Pronotum.

Beim ♂ ist der Höcker des Hinterschildchens stärker als beim ♀, das zweite Ventralsegment ohne Auszeichnung. Mittelzahn an den Mittelschenkeln abgestutzt. (Bei meinem Exemplare entspricht derselbe völlig der Saussure'schen Zeichnung, ist also spitz, was auch Schenck angibt.) Mittelschienen stärker erweitert als bei melanocephalus. Fühlerschaft unten sehr breit gelb, ebenso die Fühlergeissel. Umgerollte Parthie derselben röthlichgelb. Innerer Augensaum bis in die Augenausrandung hinein gelb, (Umgebung von Paris), Sicilien.

O. ruficornis Rudow. Arch. d. Freunde d. Naturw. f. Mecklenburg, 1874, S. 234. Aehnlich melanocephalus, unterscheidet sich (♀) durch den relativ längern, unten stärker ausgerandeten viel weniger dicht punktirten Kopfschild, durch stärkere Concavität der vordern Begrenzungslinie des Pronotum, sowie weissgelbe Flecke auf dem Schildchen und den Mesopleuren und die weisslichen Flügelschuppen; das ♂ durch die mehr parallelseitige, weniger conische Form des spitzen Mittelzahnes der Mittelschenkel und die oben schwarze, unten der ganzen Länge nach hellröthlich gelbe Färbung der Fühlergeissel. (Sachsen, Ungarn.)

Gattung VI. **Pterochilus** Klug.
(Fig. 3.)

Oberkiefer lang, am Ende breiter als an der Basis, Innenseite gebogen, scharf und mit starken Zähnen besetzt. Auf der Aussenseite nach hinten eine Reihe langer Borstenhaare. Kiefertaster sechsgliedrig. Lippentaster sehr lang, dreigliedrig, das erste Glied gegen das Ende verdickt, das zweite und dritte platt gedrückt, seitlich mit langen Wimperhaaren besetzt (Fig. 3), viel länger als die Zunge.

Fühler des ♂ spiralig aufgerollt oder am Ende umgebogen.

Thorax kugelig; Metathorax steil abfallend, seitlich abgerundet mit deutlicher medianer Furche.

Abdomen oval; erstes Segment kurz, flach schalenförmig.

Diese Gattung zeigt eine äusserst heterogene Zusammensetzung. Characteristisch für dieselbe sind die dreigliedrigen, wenigstens beim ♀ in den äussern Gliedern plattgedrückten gefiederten Lippentaster; dem ♂ geht diese Auszeichnung oft ab. Die Fühler des ♂ sind am Ende entweder spiralig aufgerollt, ähnlich wie bei Hoplopus oder im Endglied umgeschlagen, wie bei Lionotus.

Aus dieser Gattung sind circa 30 Arten bekannt, wovon 20 der palaearctischen, die übrigen der aetiopischen (5) und der nearctischen Region angehören.

Unserer Fauna gehört nur eine Art an:

Pterochilus phaleratus Panz.

Pt. phaleratus Pz., F. G. 471. — Klug. — Herr.-Schäffer, F. G. 173, pg. 9. — Lep. II. 673. — Sauss. I. 243. — Schenck 88. — Mor. II. 5. — Mor. Eumenid. spec. nov., Horae Ross. XIX. 1885. Sep. St. 5. — Thoms. 39. — André 808.

Grösse: ♀, ♂ 8 mm.

Am Kopf eine spärliche, kurze, röthlich graue Behaarung; eine ebensolche am Thorax, aber noch kürzer. Rest des Thieres kahl. Kopf etwas breiter als der Thorax, hinter den Augen verschmälert, dicht, ziemlich regelmässig punktirt. Beim ♀ hinter den Ocellen zwei flache, längliche, behaarte Gruben. Kopfschild viel breiter als lang, sehr wenig gewölbt, spärlicher punktirt als der Kopf, beim ♀ unten gerade abgestutzt, beim ♂ sehr flach ausgerandet. Zunge sehr lang, fast bis zu den Hinterhüften reichend; Lippentaster bei ♂ und ♀ gleich gestaltet; erstes Glied nach aussen, zweites an der Basis verdickt, ebenso in geringerm Grade am Ende; drittes Glied fast flachgedrückt, überall gleich breit; die beiden letzten seitlich lang gefiedert (Fig. 3). Thorax kaum länger als breit, nach vorn und nach hinten ziemlich verschmälert. Pronotum fast gerade abgestutzt, mit scharfen seitlichen Ecken. Der ganze Thorax, besonders aber das Schildchen grob längsrunzlig punktirt, letzteres fast horizontal, in der Mitte eine Längsfurche tragend. Mesopleuren schwächer und spärlicher punktirt. Horizontale Parthie des Hinterschildchens sehr kurz, scharf in die verticale Parthie abfallend, erstere dicht punktirt, letztere in der obern Hälfte ebenso, in der untern glatt, glänzend. Concavität des Metathorax fast glatt, schwach glänzend, in der Mitte eine erhabene Längsleiste. Metapleuren mit langen feinen Querrunzeln versehen. Abdomen ziemlich gestreckt; erstes Abdominalsegment schalenförmig, wie das übrige Abdomen mit feinem Tomente bedeckt. Am hintern Ende des Postpetiolus eine ziemlich lange und deutliche mediane Furche. Zweites Ventralsegment ziemlich glänzend, dicht mit sehr verschieden grossen Punkten besetzt. Flügel in der Humeral- und Radialzelle, sowie am Aussenrande schwach getrübt. Nerven und Stigma braun.

♀. Schwarz mit gelben Zeichnungen. Kopf schwarz, Taster und Oberlippe hell rostroth. Kiefer braun bis rostroth mit dunklerer Spitze. Kopfschild ganz schwarz oder mit mehr oder weniger grossem gelbem Mittelfleck. Fühler ganz schwarz. Am Kopf sind weiter gelb: ein Punkt zwischen den Fühlern; die untere Parthie der Augenausrandung und ein Fleck hinter dem Auge. Am Thorax sind gelb: zwei getrennte seitliche Flecke am Pronotum, ein grosser Fleck unter dem Flügelansatz, zwei getrennte von wechselnder Grösse auf dem Schildchen, zwei, bald zu einer Querbinde vereinigte, bald auch ganz fehlende auf dem Hinterschildchen, zwei Flecke oben an den Seiten des Metathorax sowie die Flügelschuppen, letztere mit kleinem braunem Mittelfleck. Auf Segment 1—5 eine bald breite, bald schmale gelbe Binde, erste seitlich je einmal gebuchtet, in der Mitte tief eingeschnitten und auf den Seiten nach vorn erweitert; die übrigen Binden dreimal gebuchtet, die letzte seitlich abgekürzt, oder auch ganz fehlend. (Die Binden kommen vom zweiten Segment an auch in der Mitte unterbrochen vor, Var. interruptus Klug (?) (Sauss. I. 241, André 809.) Bauch schwarz, auf dem zweiten Segment zwei seitliche dreieckige Flecke. Hüften und oberste Parthie der Schenkel schwarz. Rest der Beine röthlichgelb bis rostroth.

♂ dem ♀ sehr ähnlich. Ventralsegment 3—5 hinten bogenförmig ausgerandet, in der Ausrandung dicht mit rostrothen Borstenhaaren besetzt. Kopfschild ganz und Fühlerschaft unten breit gelb. Abdomen mit sechs Dorsalbinden. Vorderseite der Hüften gelb gefleckt.

Var. Chevrieranus. Sauss. III. 322. — Mor. II. 5. — André 806 ♂.[1])

---

[1]) Was für ein Thier André (pag. 802) als hieher gehörendes ♀ beschreibt, ist mir unverständlich; jedenfalls ist es nicht Pt. chevrieranus Sauss.

Etwas kleiner als die Stammform: ♀ 6—8 mm; ♂ 5—6 mm. Alle Zeichnungen rein weiss und reichlicher. Die hellen Flecken am Kopf und Thorax grösser. Fühlerschaft beim ♀ unten oft schmal weissgestreift. Die Mesopleuren tragen bei ♂ und ♀ sehr häufig einen zweiten weissen Fleck unmittelbar über den Mittelhüften. Letztes Abdominalsegment sehr oft mit weissem Mittelfleck. Binden nicht unterbrochen.

Diese Art nistet gruppenweise in sandigem Terrain.

Die Stammform findet sich in ganz Europa, von Südfrankreich (Mor.) bis Südschweden (Thoms.); östlich bis an die Wolga (Mor.). In der Schweiz wurde sie bis jetzt nicht beobachtet, wohl aber am Salève bei Genf. Var. Chevrieranus Sss. ist in der Südschweiz stellenweise häufig; Genf (Mor.), Wallis (Siders), Tessin (Locarno, Maggiabrücke), steigt bis 1400 m. (Alp Süssillon, Eifischthal). Kommt auch bei Nizza vor und nördlich bis Fürstenberg in Mecklenburg (Konow).

Gattung VII. **Alastor** Lep.

(Fig. 2.)

Gattungscharactere wie bei Odynerus Subg. Lionotus Sauss. Postscutellum ohne besondere Auszeichnung. Zweite Cubitalzelle gestielt. (Fig. 2).

In diese Gattung gehören circa 25 Arten, von denen nur eine der palaearctischen Region angehört; eine bewohnt die aethiopische, circa vier die neotropische und die übrigen die australische Region.

A. kann im Grunde nicht als eigene Gattung, sondern höchstens als Untergattung zu Odynerus aufgefasst werden.

Alastor atropos Lep.

A. Atropos Lep. II. 669. — Sauss. I. 259. — André 792.
Grösse 8 mm., ♂ 7 mm.

Kopf und Thorax abstehend röthlich behaart. Kopf so breit als der Thorax, dicht und ziemlich grob punktirt. Kopfschild stark gewölbt, viel breiter als lang, unten schwach ausgerandet, mit zwei stumpfen Spitzen neben der Ausrandung. Fühler gegen die Spitze leicht kolbig verdickt. Thorax etwa $1^{1}/_{4}$ mal so lang als über den Flügelschuppen breit, vorn gerade abgestutzt, nicht verschmälert. Ecken des Prothorax scharf. Flügelschuppen gross. Thorax auf dem Dorsum sehr dicht und grob punktirt, ebenso auf der Seite. Hinterschildchen kurz, in scharfem rechtem Winkel in die abschüssige Parthie abfallend. Letztere im untern Theil glatt und glänzend. Concavität des Metathorax stark concav, fast glatt, glänzend, der herzförmige Raum (die mittlere, unmittelbar ans Hinterschildchen anstossende dreieckige Parthie) polirt, sehr stark glänzend. Concavität seitlich von einem scharfen Rande umgeben, der unten in eine scharfe, aufwärts gerichtete Spitze ausläuft. Abdomen langgestreckt; das erste Segment kuppelförmig, dicht, grob punktirt. Hinterrand desselben callös verdickt. Die Punktirung der übrigen Segmente ist wie diejenige des ersten, nur allmählig feiner und spärlicher werdend. Zweites Ventralsegment flach gewölbt, gegen die mit starken Rippen versehene Basalfurche steil abfallend, ziemlich dicht punktirt. Vorderflügel durchweg leicht rauchig getrübt, besonders in der Humeral- und Radialzelle. Nerven an der Flügelbasis hell-, nach aussen dunkelbraun.

♀. Schwarz mit gelben Zeichnungen. Kopf schwarz mit sehr kleinen gelben Flecken zwischen den Fühlern, in der Augenausrandung und am hintern Augenrande. Oberlippe, Kiefer gegen das Ende röthlich. Am Thorax sind gelb: zwei grosse Flecke oben seitlich auf dem Pronotum und die Flügelschuppen; am Abdomen: eine schmale, regelmässige Binde entsprechend der callösen Verdickung auf dem ersten, eine breite zwei- bis dreifach gebuchtete auf dem zweiten, und je eine schmale seitlich abgekürzte Binde auf dem dritten und fünften Segmente. Die dritte und häufig auch die vierte Binde können gänzlich fehlen. Auf der Ventralseite trägt das zweite Segment eine breite gelbe Binde. Hüften und Schenkel bis zu den Knieen schwarz, Rest der Beine röthlich gelb.

♂ dem ♀ ähnlich; meist etwas reichlicher gelb gezeichnet. Kopfschild unten etwas tiefer ausgerandet, wie die Aussenseite der Kiefer, die Oberlippe, die Unterseite des Fühlerschaftes, sowie ein Fleck zwischen den Fühlern gelb. Zwölftes und dreizehntes Fühlerglied verdünnt, zurückgeschlagen, wie das elfte röthlich. Am Abdomen trägt ausser dem ersten und zweiten stets auch das vierte, oft auch das dritte und fünfte eine häufig seitlich abgekürzte Binde. Kniee und Schienen gelb, letztere hinten mit röthlichem bis braunem Streif. Tarsen bräunlich.

Ueber den Nestbau ist mir nichts bekannt.

Südliches Europa von Portugal bis Russland (Sarepta), nördlich bis Paris (Lep.). Algerien, Aegypten. Bei uns Tessin (Lugano, Bellinzona) auf Mentha, Genthod bei Genf, überall selten. VI.—VII.

III. Familie: **Masaridae.**

Gattung VII. **Celonites** Latr.

Oberkiefer kurz, spitz; Kiefertaster rudimentär, dreigliedrig, Lippentaster sehr kurz, viergliedrig. Zunge zweitheilig mit schmalen Zipfeln. Oberlippe gross, halbkreisförmig, behaart.

Fühler kurz, keulenförmig, erstes Glied sehr kurz, breiter als lang, nur sieben Glieder deutlich getrennt, fünf zu einer

Keule verwachsen, ohne deutliche Trennung; bei den ♂ an der Keule unten zwei becherförmige Organe.

Thorax quadratisch. Metathorax seitlich in lamellenartige horizontale Dorne auslaufend. Tarsenkrallen mit einem kurzen stumpfen Zahn. Vorderflügel mit zwei Cubitalzellen. Die einzelnen Abdominalsegmente an Breite nur wenig verschieden; das erste nicht schmäler als das zweite. Abdomen oben convex, unten concav, der Seitenrand scharf; das Endsegment des ♂ gezahnt. Hinterleib nach unten zurückkrümmbar (wie bei den Chrysididen).

Die vier Arten dieses Genus gehören alle der mediterranen und davon nur eine unserer Fauna an.

Celonites abbreviatus Vill.

C. abbreviatus Vill. — Sauss. III. 88; Pl. V. Fig. 1. — Schenck 89. — André 827; Pl. XLVI, Fig. 1.
C. apiformis Panz. F. G. 79, Fig. 19. — Jurine, Meth., Hym. Pl. X, Fig. 17. — Lep. II. 587.

Grösse 6—7 mm.

Das ganze Thier mit Ausnahme des Kopfes nackt. Letzterer relativ klein, hart hinter den Augen aufhörend, dicht abstehend braunroth behaart, viel länger als breit, wie das Kopfschild ziemlich dicht mit groben regelmässigen Punkten besetzt. Auf dem Kopfschild sind die Zwischenräume der Punkte etwas grösser als diese selbst und sehr fein punktirt. Kopfschild unten breit, mässig tief ausgerandet; darunter hervorragend die grosse halbkreisförmige, ziemlich dicht behaarte Oberlippe. Thorax viereckig, sehr dicht und regelmässig grob punktirt; das Pronotum vorn gerade abgestutzt mit abgerundeten Ecken. Schildchen viel breiter als lang, nach hinten abgerundet. Hinterschildchen nur sehr wenig unter dem Schildchen hervorragend. Hinterrand des Metathorax gerade, vollkommen dem Vorderrande des Abdomens entsprechend. Concavität des Metathorax scharf gerandet, von einer Anzahl scharfer Längsrippen durchzogen. Abdomen stark nach unten gekrümmt, viel breiter als hoch; hinteres Ende abgerundet, Sculptur wie am Thorax. Flügel kurz, erreichen nicht die Spitze des Abdomens, durchweg mehr oder weniger iridisirend.

♀. Schwarz mit gelben Zeichnungen. Kopf schwarz. Spitze der Kiefer, die Oberlippe, Unterseite der Fühlergeissel rostroth; Oberseite dunkler, hie und da schwarz. Kopfschild schwarz, selten mit gelben Flecken. Ein kleiner Punkt in der Augenausrandung gelb. Am Thorax sind gelb: je ein runder Fleck über der Ecke des Pronotums, die Mitte des Vorderrandes, sowie die innere Seite des Hinterrandes des Pronotums vor den Flügelschuppen, diese selbst, ein Punkt unter dem Flügelansatz, ein Punkt auf der Mitte des Schildchens (hie und da fehlend) und die Ecke des Metathorax. Abdominalsegment 1—5 mit einer zweimal winklig gebuchteten Binde. Diese Buchten sind aber vom zweiten oder dritten Segment an meist so tief eingeschnitten, dass eine mehr oder weniger breite Unterbrechung der Binde entsteht. Erste Binde seitlich nach vorn erweitert. Letztes Segment, sowie die ventrale Seite schwarz. Hüften und obere Parthie der Schenkel schwarz. Rest der Beine röthlich gelb.

♂ dem ♀ ähnlich. Rand des letzten Abdominalsegmentes mit drei Lappen, von denen der mittlere tief ausgeschnitten und daher zweizähnig ist; letztes Ventralsegment tief winklig eingeschnitten. — Gelbe Färbung reichlicher als beim ♀. Aussenseite der Kiefer mit einem gelben Fleck. Oberlippe, Kopfschild gelb. Vorn über den Fühlern eine Vförmige gelbe Zeichnung, die in die Augenausrandung hineinreicht. Abdomen mit sechs dorsalen Binden, die wie beim ♀ seitlich unterbrochen sein können. Auf der Mitte des ersten Segmentes nahe der Basis hie und da ein freier gelber Punkt. Zweite Binde in der Mitte winklig nach vorn vorgezogen. Ventrale Seite theilweise röthlich.

Nach Lichtenstein (a. a. O.) baut diese Art Tönnchen aus Mörtel, die sie hart neben einander an trockene Pflanzenstengel heftet und mit einem weisslichen Honig füllt (vergl. André pag. 559, Pl. XXXVIII., Fig. 11).

Findet sich in ganz Südeuropa, sowie in Nordafrika, reicht nördlich bis Norddeutschland (Weissenfels in Prov. Sachsen coll. m. Friese). Bei uns im Wallis häufig, steigt daselbst bis 2000 m. (Zermatt, Steck; Alp Ponchette coll. m.); aus der Mittelschweiz nur bekannt von St. Moritz im Engadin 1600 m. (Imhof, Morawitz). — VI.—VII.

Nachträge.

Litteratur.

Frey-Gessner, Plaudereien über einige zwei Binden tragende Lionotus-Arten. — Mittheil. der schweiz. entomol. Gesellschaft, Bd. 9 (1893), p. 49.
Frey-Gessner, Tables analytiques pour le détermination des Hymenoptères du Valais. Bull. des traveaux de la Murithienne soc. valaisane des scient. nat. 1894.
Dalla-Torre, Catalogus Hymenopterorum, vol. IX. Vespidae. 1894.

Vespa.

Konow (Die männlichen Wespen [Vespa]. Soc. entomol. IV. [1890], p. 151) gibt eine neue Bestimmungstabelle der ♂ Vespa-Arten, gegründet auf genaue Untersuchung der Genitalien. Vespa austriaca Pz. ist nach ihm bloss ein „Eunuch" von V. rufa L., während er geneigt ist V. norvegica F. als eigene Art gelten zu lassen und nicht bloss als Var. von saxonica F. Seine Bestimmungstabelle (diese beiden Arten betreffend) lautet (S. 191):

„Kopfschild fein und weitläufig punktirt, in der Mitte ohne Punkte; die Punktirung sehr fein und besonders beim ♀ undeutlich; Hinterleib gewöhnlich ohne Roth; die männlichen Zangen berühren einander mit stumpfer Ecke, hinter welcher der innere Rand leicht gerundet ist; der äussere Zangenfortsatz breit, ein wenig schief abgestutzt; der mit dichten gelblichen Haaren besetzte Pinsel überragt den Penis weit; dieser ist sehr schmächtig; das schwach erweiterte Ende ist viel schmäler als das letzte Tarsenglied; die ziemlich scharfen Spitzen der beiden Penisklappen sind gegeneinander und nach oben gebogen, so dass das Penisende oben und unten einen deutlichen Spalt zeigt. **V. saxonica** F.

— Kopfschild ziemlich dicht und stark punktirt, die feine Punktirung zwischen den Punkten sehr deutlich; das erste und zweite Hinterleibssegment seitlich gewöhnlich mehr oder weniger roth gefleckt; Penis ähnlich gebildet wie bei der vorigen Art, das schwach erweiterte Ende ein wenig dicker, aber mit sehr schmalem Spalt; die Zangen am innern Rande zwischen der vordern Ecke und dem Pfriem leicht zweimal gebuchtet; der untere Zangenfortsatz am Ende breit zugerundet; der Pinsel reicht nur bis zum Ende des Penis. **V. norvegica** F."

Der Unterschied in der Punktirung des Kopfschildes ist auch bei meinen Stücken deutlich wahrnehmbar.

Sehr interessante Mittheilungen über Nestbau und Lebensweise macht **Janet:** Mém. de la soc. acad. de l'Oise XVI. 1895, p. 28.

Polistes.

Gestützt auf die Beobachtung einer grossen Zahl von Polistesnestern erklärt **Rudow** (Soc. entomol. VIII., p. 59) P. gallicus und diadema für verschiedene Arten. Gallicus baue regelmässige, blaugraue Nester aus weicher

Masse von höchstens 8 cm. Durchmesser, deren Stiel genau in der Mitte sitze, während das Nest von diadema unregelmässig, elliptisch oder eingebuchtet sei und einen excentrischen Stiel besitze. Die Farbe sei hellgelb bis lehmfarbig, die Grösse 10 und mehr cm.

Eumenes.

E. coarctatus L. Ueber die Biologie dieser Art veröffentlicht **Palumbo** eine eingehende Untersuchung im Naturalista Sicil. VII. 1888.

Chrétien (Bull. soc. ent. de France 1895 [CCCXLI] und 1896, p. 410) hegte gerechte Zweifel, dass E. pomiformis F. nur eine Raupenart als Nahrung für die Larve in sein Nest eintrage, umsomehr als E. pomiformis im Norden und Süden vorkommt und im Verlaufe des Jahres mehrere Generationen haben kann. Er fand dann auch in zahlreichen Nestern:

    3 Arten von Noctuidae,
    7 „ „ Geometridae,
    1 „ „ Botydae,
    1 „ „ Phycideae,
    2 „ „ Tortricidae,
    2 „ „ Tineidae,
    3 „ „ Pterophoridae

und zwar: in einem Nest im Juli, dessen Erbauer, da es in Trümmern in Chrétiens Hand kam, nicht mit Sicherheit festgestellt werden konnte, zahlreiche Exemplare von Cidaria fulvata Forst. Ein anderes Nest enthielt Lythria purpuraria L.

Ein Nest, gefunden im Juli 1894, enthielt:
    Leucania albipuncta F.,
    Heliothis armiger Hb.,
    Depressaria applana F.,
    Oxyptilus tristis Z.,
    Amblyptilia acanthodactyla Hb.

Der Eumenes flog aus am 15. September.

Nester vom 16. IX. 94 enthielten jedes 4—5 Raupen von Thera juniperata L. Der Eumenes erschien Juni 95.

Nester, gefunden im Juni 95, enthielten nur Depressaria applana F., oder andere nur Lygdia adustata Schiff., wieder andere nur Lygdia adustata Schiff. und Eupithecia pumilata Hb., Imago 14. Juli.

In andern Nestern fand er
    Eupithecia linariata F.,
    „ sextiata Mill.,
    Heliothis dipsaceus L.,
    Pionea extimalis Sc.,
    Homoeosoma nimbella Z.,
    Pyrausta purpuralis L.,
    Cochylis cruentana Froll.,
    „ hybridella Hb.,
    Plutella cruciferarum Z.,
    Pterophorus monodactylus L.

In einem auch zwei Larven von parasitischen Dipteren.

In je einem Neste waren 3—38 Raupen.

Vergleiche auch Chrétiens neueste, mir unbekannt gebliebene Publikation: L'Eumenes pomiformis F. et ses victimes. Le Naturaliste 1 Févr. 1897.

Nester von Eumenes arbustorum Pz. (Bull. soc. ent. de France 1896, p. 411) enthielten 8—9 Raupen von Agrotera trabealis Sc., oder eine Raupe von Colias edusa F., mehrere von Plusia gamma L. und fünf von Pterophorus monodactylus L.

Als Parasiten fanden sich Stilbum calens F. und Mutilla austriaca Pz. einmal.

Odynerus.

Odynerus murarius L. nistet nach Alfken (Entomol. Nachrichten 1892, p. 210) auch in Holz und Rohrstengel der Bedachung. Sie tragen Chrysomeliden-Larven ein. Als Schmarotzer fand er, wie schon vor ihm Sickmann (Mocsary, monograph. Chrysidid. p. 348) Chrysis nitidula Fab.

Verhoeff (Berliner entomol. Zeitschrift XXXVII. 1892, p. 467) theilt äusserst interessante Beobachtungen über die Lebensweise von Odynerus parietum L. mit. Da er fand, dass aus den im Herbst angelegten Nestern, deren Brut im Frühjahr erschien, nur weibliche Individuen kamen, aus den im Frühjahr gebauten Nestern im Herbst nur Männchen erschienen, war er geneigt, parthenogenetische Fortpflanzung anzunehmen. Das Vorkommen eines Männchens in einem Winterneste belehrte ihn aber, dass nicht nur Parthenogenese stattfinde. Die Sommernester, d. h. die im Frühjahr angelegten, enthielten braune und grüne Microlepidopteren-Räupchen und waren mit einem bis zwei dünnen Verschlussdeckeln von je $1^1/_2 - 3$ mm. Dicke versehen. Die Winternester enthielten 7—9 Larven von Melasoma populi L. (Käfer) und waren mit einem gewaltigen, 12—14 mm. dicken Verschluss aus Lehm, einem Winterdeckel, abgeschlossen.

O. parietum baut in schon vorhandene Stollen und Schachte in Balken und Mauern; einen Vorbau verfertigt er daher nicht. Er hängt das Ei ebenfalls an der obern Wand der Zelle auf. Die Einblage schildert Verhoeff folgendermassen: „Die Wespe (3 h 36 m.), nachdem sie ins Loch eingeflogen, ist noch einige Augenblicke kopfeinwärts beschäftigt (womit?), sie hält ein, dreht sich plötzlich um, den Kopf auswärts gewendet, putzt sich, legt sich auf den Rücken, wobei sie sich an der Decke festhält, richtet das Abdominalende oben gegen den Deckel der vorigen Zelle und klebt daran ein Ei fest (3 h 38 m.). Währenddem macht der vordere Körper heftige nickende Bewegungen (Wehen). Sofort eilt sie davon mit einer wahrhaft komischen Eile, als freue sie sich schon auf das Erjagen der Räupchen. 3 h $52^1/_2$ m. und ein Räupchen wird eingetragen — 7 h 45 m. ist alle Beute eingetragen, die Zelle geschlossen und auf dem Deckel der folgenden Zelle noch ein Ei oben angehängt."

O. trifasiatus F. nistete nach einer Beobachtung desselben Beobachters (a. a. O. S. 479) in einer verlassenen Wurzelgalle, wahrscheinlich von einer Eiche.

O. Rossii Lep. ♂, von dem ich neuerdings mehrere Exemplare erhielt, trägt öfters vier Binden, einen gelben Streif auf dem Postscutellum und einen sehr schmalen gelben Saum unten am innern Augenrande.

Zürich, 20. Juni 1897.

Systematisches Verzeichniss.

Vespidae.

Vespa

(Gruppe Crabro.)
1. Crabro L. — 10

(Gruppe media.)
2. media De Geer — 11
3. saxonica F. — 13
  var. norvegica F. — 14
4. silvestris Scop. — 14

(Gruppe germanica.)
5. germanica Fab. — 15
6. vulgaris L. — 16
7. rufa L. — 17

Subg. **Pseudovespa**
8. Austriaca Pz. — 18

Polistes gallicus L. — 20
  var. biglumis L. — 21
  „ Geoffroyi Lep. — 21

Eumenidae.

Discoelius zonalis Pz. — 22

Eumenes
1. arbustorum Pz. — 24
2. unguiculus Vill. — 25
3. coarctatus L. — 26
  var. pomiformis Rossi — 26
  „ mediterraneus Kriechb. — 27
  „ bimaculatus André — 27

Odynerus

Subg. **Symmorphus**

(Gruppe murarius.)
1. murarius L. — 33
  var. nidulator Sauss. — 34
2. crassicornis Pz. — 34
3. allobrogus Sauss. — 36

(Gruppe elegans.)
4. elegans Wesm. — 37
5. sinuatus Fab. — 38
6. bifasciatus L. — 39

Subg. **Ancistrocerus**

(Gruppe callosus.)
7. callosus Thoms. — 44
8. trimarginatus Zett. — 46
9. oviventris Wesm. — 48
10. parietinus L. — 49
11. Antilope Pz. — 51
12. trifasciatus F. — 52

(Gruppe parietum.)
13. parietum L. — 53
  var. renimacula Lep. — 55
  „ claripennis Thoms. — 55
  „ pictipes Thoms. — 55
  „ gazella Panz. — 55

Subg. **Lionotus**

(Gruppe simplex.)
14. tomentosus Thoms. — 65
15. pubescens Thoms. — 67
  var. pubescens André — 69
  „ nigripes H.-Sch. — 69
  „ notatus Jur. — 69
  „ cupreus n. var. — 69
16. innumerabilis Sauss. — 70

(Gruppe Dantici.)
17. Dantici Rossi — 72
18. Herrichii Sauss. — 74

(Gruppe parvulus.)
19. dubius Sauss. — 75

(Gruppe floricola.)
20. Rossii Lep. — 77
21. lativentris Sauss. — 79
22. floricola Sauss. — 81

(Gruppe tarsatus.)
23. tarsatus Sauss. — 83

(Gruppe minutus.)
24. punctifrons Thoms. — 84
25. laticinctus n. spec. — 86
26. orbitalis Thoms. — 88
27. dentisquama Thoms. — 89
  var. Steckianus n. var.
28. picticrus Thoms. — 91

	Seite
(Gruppe xanthomelas.)	
29. Chevrieranus Sauss.	92
30. xanthomelas H.-Sch.	94
31. parisiensis Sauss.	96

Subg. Microdyneros

32. helvetius Sauss.	99
33. lugdunensis Sauss.	101
34. patagiatus n. sp.	102
35. timidus Sauss.	103
36. exilis H.-Sch.	104

Subg. Alastor

Atropos Lep.	120

Subg. Hoplopus

(Gruppe spiricornis.)	
37. laevipes Shuck.	108
38. spiricornis Spin.	110

	Seite
(Gruppe reniformis.)	
39. reniformis Gmel.	111
var. velox Sauss.	112
„ Reaumurii Sauss.	113
(Gruppe spinipes.)	
40. spinipes L.	113
var. alpinus Mor.	114
41. melanocephalus Gmel.	115

Subg. Pterochilus

Pterochilus phaleratus Panz.	118
var. Chevrieranus Sauss.	119

Masaridae.

Celonites abbreviatus Vill.	122

Alphabetisches Verzeichniss.

	Seite		Seite
Abbreviatus Vill.	122	Diadema Latr.	20, 21
Affinis H.-Sch.	49	Dimidiatus Brullé	24
Alastor Lep.	6, 120	**Discoellus** Latr.	6, 22
Allobrogus Sauss.	31, 32, 36	Discoidalis Sauss.	110
Alpestris Sauss.	59, 61, 84	Dubius Sauss.	58, 62, 75
Var. alpinus Mor.	114	Dufourii Lep.	23
Amedei Lep.	24	Dumetorum Imh.	25
Ancistrocerus Wesm.	29, 40		
Angustatus Zett.	38	Egregius H.-Sch.	71
Antilope Pz.	41, 42, 44, 51	Elegans Wesm.	31, 32, 37
Apiformis Pz.	122	**Eumenes** Fab.	6, 23, 125
Arborea Sm.	18	**Eumenidae**	4, 22
Arbustorum Pz.	20, 125	Excisus Thoms.	46
Arcticus Sauss.	35	Exilis H.-Sch.	99, 104
Atropos Lep.	60, 63, 120		
Aucta F.	53	Fastidiosissimus Sauss.	80
Austriaca Pz.	9, 10, 18, 124	Fastidiosus Sauss.	72
		Femoratus Sauss.	117
Bifasciatus L.	31, 32, 39	Floricola Sauss.	59, 63, 81
— Wesm.	38	Frivaldskyi H.-Sch.	24
— Thoms.	36	Fuscipes H.-Sch.	40
Biglumis L.	20, 21		
Bimaculatus André	28	Gallicus L.	20, 21
		Gazella Panz. Thoms.	55
Callosus Thoms.	41, 43, 44	Geerii Lep.	11
Celonites Latr.	5, 121	Geoffroyi Lep.	20, 21
Chevrieranus Sauss.	60, 65, 92	Germanica Fab. Vesp.	8, 10, 15
Var. Chevrieranus Sauss.	119	Germanicus Sauss.	95
Claripennis Thoms	55	Gracilis Brullé. Sauss.	37
Coangustatus Rossi	25	Graphicus Sauss.	81
Coarctatus L.	24, 26, 125		
Cognatus Duf.	103	Helvetius Sauss.	98, 99
Concavität des Metathorax	28, 56	Herrichianus Sauss.	37
Constans H.-Sch.	48	Herrichii Sauss.	58, 62, 74
Corona	7	Holsatica Fab.	14
Coronata Pz.	26	**Hoplomerus** Westw.	29, 30
Coxalis H.-Sch.	111	**Hoplopus** Wesm.	106
Crabro L.	8, 9, 10		
Crassicornis Pz.	31, 32, 34	Infundibuliformis Ol.	25
Cupreus n. var.	69	Innumerabilis Sauss	57, 62, 70
		Var. interruptus Klug.	119
Dantici Rossi	58, 62, 72		
Debilitatus Sauss.	39	Laevipes Shuck.	106, 107, 108
Dentipes H.-Sch.	115	Laeviventris Thoms.	37
Dentisquama Thoms.	60, 64, 89	Laticinctus n. sp.	60, 64, 86

	Seite
Lativentris Sauss.	59, 63, **79**
Lindenii Lep.	65
Lindenii Sauss.	77
Maculatus Lep.	67
Masaridae	4, **121**
Media De Geer	8, 9, **11**
Mediterraneus Kr.	28
Melanocephalus Gm.	107, 108, **115**
Microdynerus Thoms.	29, 59, 64, **97**
Minutus Aut.	59, 64, **86**
Murarius L.	31, 32, **33**, 126
Murarius H.-Sch.	51
Nidulator Sauss.	34
Nigripes H.-Sch.	67
Norvegica Fab.	8, 9, **14**, 124
Notatus Jur.	69
Nugdunensis Sauss.	98, 99, **101**
Odynerus Latr.	6, **28**, 126
Subg. Odynerus Sauss.	56
" " Mor.	29
" " Thoms.	30
Olivieri Lep.	25
Opacus Mor.	75
Orbitalis Thoms.	60, 64, **87**
Orientalis Fab.	11
Oviventris Wesm.	41, 42, 44, **48**
Parietinus L.	41, 42, 44, **49**
Parietum L.	41, 42, 43, **53**, 126
Parietum Thoms.	55
Parisiensis Sauss.	60, 65, **95**
Parvulus Lep.	77
Patagiatus n. sp.	98, **102**
Phaleratus Pz.	118
Picticrus Thoms.	60, 64, **91**
Pictipes Thoms.	55
Polistes Latr.	6, **19**, 124
Pomiformis Rossi	26, 27, **125**
Postpetiolus	28
Postscutellatus Lep.	72
Protodynerus Sauss.	29, **30**
Pseudovespa Schmidek.	7
Pterochilus Klug.	6, **30**, **118**
Pubescens Thoms.	57, 62, **67**
Punctifrons Thoms.	60, 64, **84**

	Seite
Quadrata F.	53
Quadricinctus H.-Sch.	46
Quadrifasciatus F.	65
Var. Reaumurii Duf.	113
Reniformis Gmel.	107, **111**
Reniformis Lep.	108
Renimacula Lep.	55
Rossii Lep.	58, 63, 77, **126**
Rubicola Duf.	108
Rufa L.	9, 10, **17**
Ruficornis Rudow	117
Rugulosus Rudow	110
Saxonica Fab.	8, 9, **13**
Scandinavus Sauss.	108
Silvestris Scop.	8, 9, **14**
Simplex Aut.	57, 61, **65**
Simplicipes H.-Sch.	108
Sinuatus Fab.	31, 32, **38**
Spinipes L.	107, 108, **113**
Spiricornis Spin.	107, **110**
Var. Steckianus n. v.	90
Suecicus Sauss.	37
Symmorphus Wesm.	29, **30**
Tarsatus Sauss.	59, 63, **83**
Timidus Sauss.	98, 99, **103**
Tinniens Scop.	117
Tomentosus Thoms.	57, 62, **65**
Transitorius Mor.	41
Tricinctus H.-Sch.	52
Trifasciatus Fab.	41, 42, **52**, 126
Trimarginatus Zett.	41, 42, 43, **46**
Trimarginatus Mor.	52
Unguiculus Vill.	24, **25**
Variegatus H.-Sch.	74
Var. velox Sauss.	112
Vespa Lep.	**6**, 124
Vespidae	4, 6
Viduus H.-Sch.	46
Vulgaris L.	8, 10, **16**
Xanthomelas H.-Sch.	60, 65, **93**
Zonalis Panz.	22

Druckfehler.

Titel	Zeile 3	lies	Vespidae	statt	Vespida.
Seite 20	„ 21	„	Polistes	„	Poliistes.
„ 49	„ 34u.35	„	parietinus	„	parientinus.
„ 50	„ 34	„	Binde	„	Binne.
„ 56	„ 35	„	oeb	„	oeb.
„ 88	„ 3	„	orbitalis	„	orbitatis.
„ 97	„ 11	ist einzuschalten: Schildchen quadratisch, nicht breiter als lang.			
„ 105	„ 25	lies weniger grosser statt grosser weniger.			
„ 109	„ 20	„	Ventralsegmente statt Ventralsegment.		

Tafel I.[*]

Fig.	1.	Eumenes coarctatus Lep.		Kralle	Vergr.	50 : 1.
„	2.	Alastor atropos Lep.		Vorderflügel	„	10 : 1.
		c^1 erste	⎫			
		c^2 zweite (gestielt)	⎬ Cubitalzelle.			
		c^3 dritte	⎭			
„	3.	Pterochilus phaleratus Klug.		Lippentaster	„	9 : 1.
„	4.	Odynerus murarius L. ♂.		Ende des Fühlers	„	14 : 1.
„	5.	„ crassicornis Pz. ♂.		„ „ „	„	14 : 1.
„	6.	„ callosus Thoms. ♀.		Zweites Ventralsegment	„	7 : 1.
„	7.	„ parietinus L. ♀.		„ „ „	„	6 : 1.
„	8.	„ trimarginatus Zett. ♀.		Abdomen	„	6 : 1.
„	9.	„ oviventris Wesm. ♀.		„	„	5 : 1.
„	10.	„ trifasciatus F. ♀.		„	„	6 : 1.
„	11.	„ callosus Thoms. ♂.		Kopfschild	„	14 : 1.
„	12.	„ oviventris Wesm. ♂.		„	„	14 : 1.
„	13.	„ parietinus L. ♂.		„	„	15 : 1.

Tafel II.

Fig. 14. Odynerus pubescens Thomson. Metathorax (Mittelsegment) von hinten oben. Vergr. 10 : 1.

„ 14a. „ tomentosus Thomson. Metathorax (Mittelsegment) von der Seite gesehen; schematisch. Vergr. 10 : 1. (Vergleiche Seite 56.)

a Abdomen, b^1 Basalschüppchen, be „untere Kante" des Metathorax, e „Seitenecke" des Metathorax, ez „Seitenkante" des Metathorax, h Hüfte, hf Hinterflügel, hs Hinterschildchen, i „unteres Seitenfeld" des Metathorax, K „Kante" des Hinterschildchens, l „oberes Seitenfeld" des Metathorax, m „Concavität" des Metathorax, n Mesonotum, o „obere Ecke" des Metathorax, oe „obere Kante" des Metathorax, s Schildchen, vf Vorderflügel, z vorderes Ende der Seitenkante.

„	15.	Odynerus tarsatus Sauss. ♂.	Hinterbein	Vergr.	10 : 1.
„	16.		Schildchen	„	20 : 1.
„	17.	Microdynerus nugdunensis Sauss.	„	„	20 : 1.
„	18.	Odynerus dubius Sauss. Hinterschildchen von h. ges.		„	20 : 1.
„	19.	„ spinipes L ♂.	Mittelbein	„	15 : 1.
„	20.	„ melanocephalus Gmel. ♂.	„	„	15 : 1.

[*] Die Abbildungen sind alle von Herrn Professor Wegelin in Frauenfeld angefertigt und wurden, wo nichts Anderes angegeben, mit der Camera lucida nach der Natur gezeichnet.

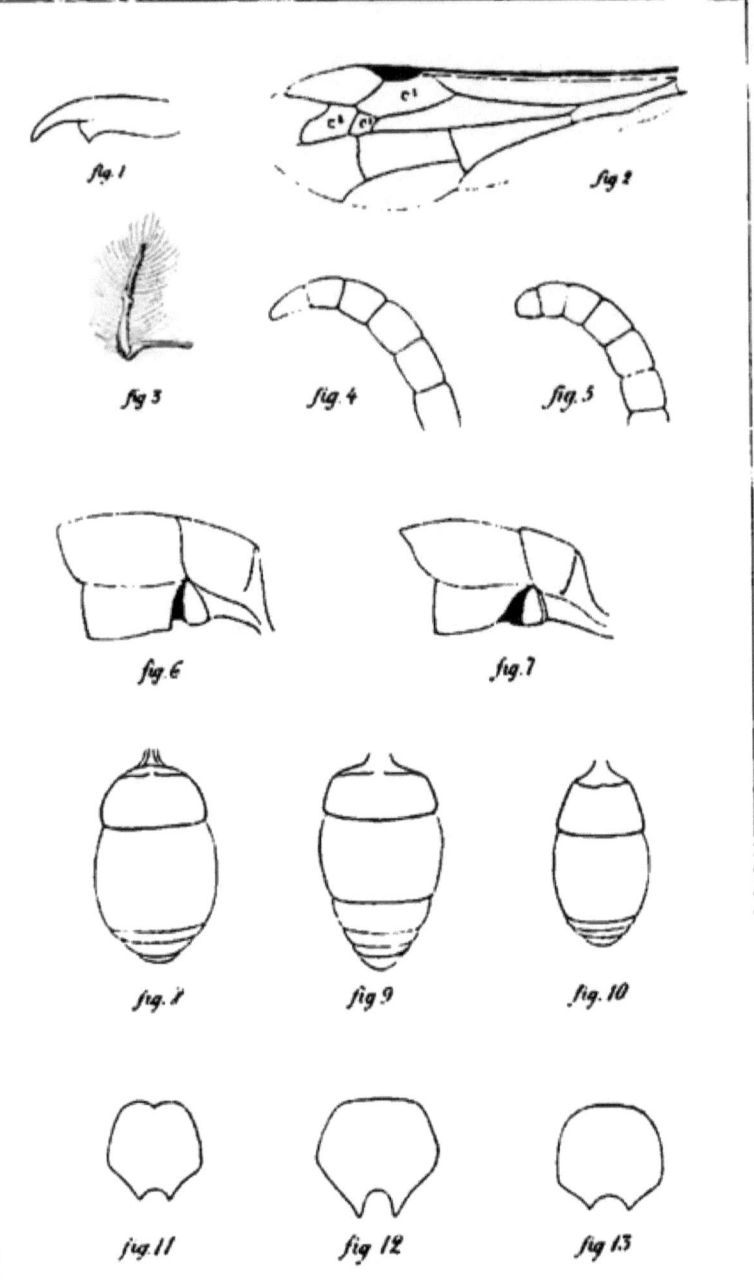

Taf. 1.

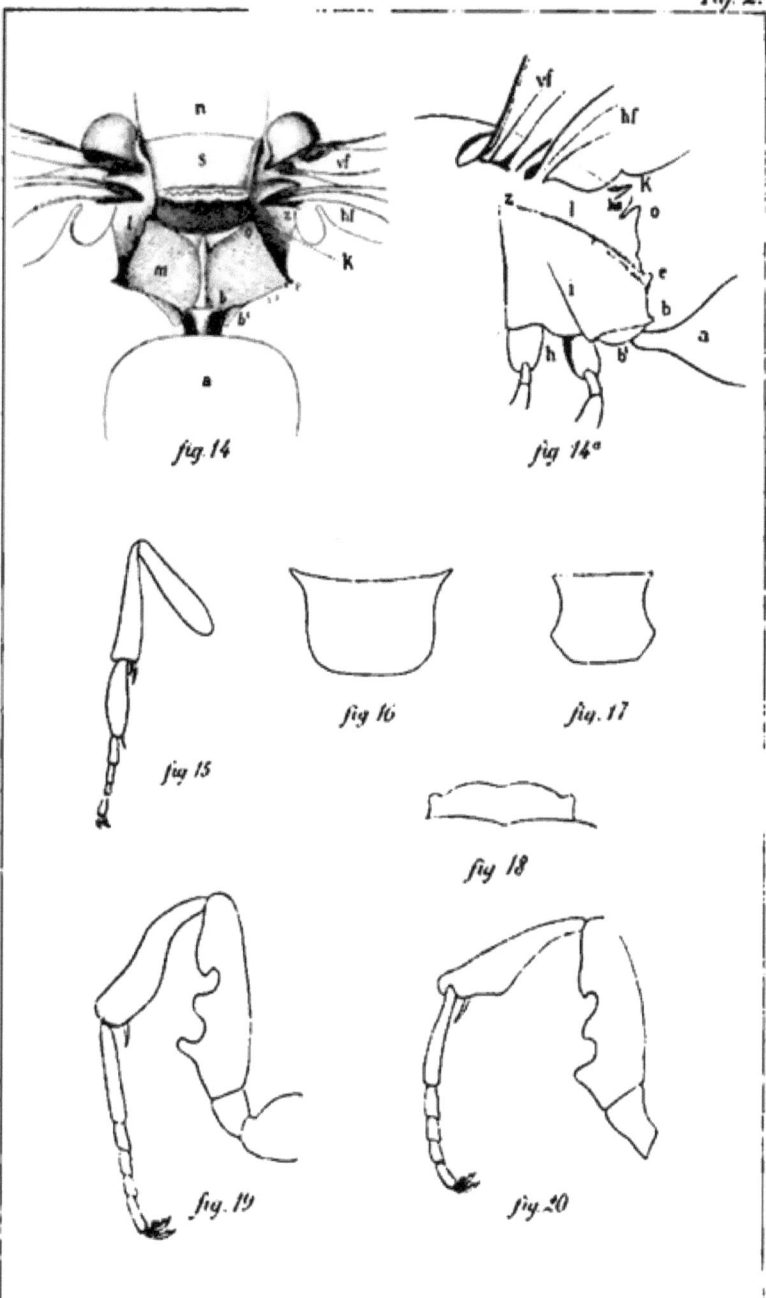